高等职业教育公共课系列教材

湖湘文化概论

主　编◎王松平　赵　伟　李洪源
副主编◎申忠民　肖承华　钟利琼　温够萍
参　编◎匡翠芳　文　婷　唐　晖
黄对娥　贺一峰

中国轻工业出版社

图书在版编目（CIP）数据

湖湘文化概论/王松平，赵伟，李洪源主编．—北京：中国轻工业出版社，2023.8
高等职业教育“十三五”规划教材
ISBN 978-7-5184-2582-2

Ⅰ.①湖…　Ⅱ.①王…②赵…③李…　Ⅲ.①文化史—湖南—高等职业教育—教材　Ⅳ.①K296.4

中国版本图书馆CIP数据核字（2019）第153914号

责任编辑：张文佳　　责任终审：劳国强　　封面设计：锋尚设计
版式设计：砚祥志远　　责任校对：吴大朋　　责任监印：张　可

出版发行：中国轻工业出版社（北京东长安街6号，邮编：100740）
印　　刷：三河市国英印务有限公司
经　　销：各地新华书店
版　　次：2023年8月第1版第7次印刷
开　　本：787×1092　1/16　印张：13.25
字　　数：350千字
书　　号：ISBN 978-7-5184-2582-2　定价：38.00元
邮购电话：010-65241695
发行电话：010-85119835　传真：85113293
网　　址：http://www.chlip.com.cn
Email：club@chlip.com.cn
如发现图书残缺请与我社邮购联系调换
231183J2C107ZBW

前言

习近平总书记指出，中国有坚定的道路自信、理论自信、制度自信，其本质是建立在五千多年文明传承基础上的文化自信。他在2014年2月24日中共中央政治局第十三次集体学习时的讲话中指出："博大精深的中华优秀传统文化是我们在世界文化激荡中站稳脚跟的根基。……中华文化源远流长，积淀着中华民族最深层的精神追求，代表着中华民族独特的精神标识，为中华民族生生不息、发展壮大提供了丰厚滋养。……要讲清楚中华优秀传统文化的历史渊源、发展脉络、基本走向，讲清楚中华文化的独特创造、价值理念、鲜明特色，增强文化自信和价值观自信。"在党的十九大报告中习近平总书记又指出："文化是一个国家、一个民族的灵魂。文化兴国运兴，文化强民族强。没有高度的文化自信，没有文化的繁荣兴盛，就没有中华民族的伟大复兴。"

任何一个国家和民族在发展过程中都会形成一定的优秀传统文化，这是历史的积淀，更是精神的凝聚。在我国优秀传统文化中，常体现出明显的民族性、地理性、时代性等特征，是我国丰富的文化遗产。只有具备文化自信才能真正将中华优秀传统文化不断传承发扬下去。湖湘文化是中华优秀传统文化中的精华。湖湘文化，源远流长；惟楚有材，于斯为盛。千百年来，灿烂的湖湘文化如湘江奔涌，生生不息。在苦难的近代史上，湖湘文化曾大放异彩，培育出改变中国政治结构和历史走向的五代人才群体，更是培育出改天换地的旷世伟人毛泽东。这些优秀的湖湘儿女，灿若群星，装点着近现代中国美丽的星空，使中华民族卓然屹立于世界民族之林。以致有"一群湖南人，半部近代史"的说法。

增强大学生的文化自信和价值观自信，其重要途径就是要将中华优秀传统文化进教材、进课堂、进学生的头脑。因此，开设《湖湘文化概论》课程，出版《湖湘文化概论》教材，是贯彻习近平总书记关于文化自信讲话精神的重要举措。

湖湘文化源远流长，博大精深，其研究文献浩如烟海，编辑一本适合高职学生使用的教材并非易事。本教材以湖湘文化的精神特质为主线，以其产生形成与发展为脉络，凸显精神文化在国家民族发展中的不可替代的作用。其主要内容包括：湖湘文化的形成与发展、湖湘文化的精神特质、湖湘文化的杰出代表及湖湘文化的现代转型等。本教材脉络清晰，图文并茂，通俗易懂，便于讲解，适合高职学生使用。

在教材编写过程中，我们参考了大量前贤今人的文献和图片资料，在此谨表诚挚的谢意。由于我们水平有限、时间仓促，书中疏漏与不当之处难免，敬请读者批评指正。

编者

2019 年 7 月

目录

绪论

独具魅力——湖湘文化及其历史地位 / 1

第一章

源远流长——湖湘文化的渊源与发展 / 17

第一节 湖湘大地——物质载体 / 18

第二节 远古先秦——源头活水 / 28

第三节 秦汉隋唐——初露端倪 / 53

第四节 两宋时期——首度崛起 / 59

第五节 明清近代——走向辉煌 / 66

第二章

湖南精神——湖湘文化的灵魂与精髓 / 83

第一节 自强不息的奋斗精神 / 84

第二节 心忧天下的爱国精神 / 88

第三节 百折不挠的进取精神 / 91

第四节 舍生取义的牺牲精神 / 94

第五节 敢为人先的创新精神 / 98

第六节 经世致用的务实精神 / 102

第三章

惟楚有才——湖湘文化杰出历史人物 / 109

第一节 理学鼻祖 / 110

第二节 开宗立派 / 117

第三节 朱张会讲 / 123

第四节 船山奇人 / 135

第五节 群星璀璨 / 140

第六节 旷世伟人 / 189

结束语

弘扬湖南精神 实现民族复兴 / 201

绪论

湖南又称湘、楚、湘楚、潇湘、三湘或三湘四水。湖湘文化就是在湖南这块土地上发展起来的、一种独具魅力的地域文化，它是中华民族传统文化的有机组成部分。“湖”指洞庭湖，湖南位于洞庭湖之南；“湘”指湘江，是纵贯湖南全境的最大河流，又是湖南的简称。

湖湘文化有广义和狭义之分。广义的湖湘文化指湖南地区的一切文化成果和文化传统，既包括“湘学”精英文化，又包括湖南乡土风情等民俗文化；既包括具有湖南地域特色的哲学、伦理、宗教、政治、法律、文学和艺术等精神文化，又包括具有湖南地域特色的山水环境、人文景观、饮食、服饰、建筑、土特产等物质文化。狭义的湖湘文化指南宋初年由胡安国父子创立、以湖湘理学为基础，绵延至今的文化传统。它主张以身心修养为基础和根本，强调经世致用，体现了传统儒家内圣外王相统一的社会思想。湖南人在长期历史发展过程中所形成的民风民俗、社会意识、科学文化和物质文化凝集成的精神特质内含其中[①]。从这个意义上说，狭义湖湘文化是广义湖湘文化的核心与精髓，因此，也称为核心湖湘文化[②]。

湖湘文化源远流长。根据湖南考古发掘和先秦文献中许多史实记载的惊人暗合，湖湘文化缘于炎黄文化以及年代更加久远

---

① 岳正稳. 湖湘文化与现代奥林匹克文化之重叠［J］. 中国科技博览，2015，35.

② 刘顺. 碧泉书院与湖湘文化［J］. 老年人，2008，07.

的神农文化。楚文化也是其重要源头之一，从秦汉到魏晋，楚文化与中原文化融合。隋唐五代，是湖湘文化的酝酿期。两宋时期特别是南宋，湖湘文化开始形成自己的特色，出现了儒、释、道“三教合一”的理学中的重要学派——湖湘学派。元代是湖湘文化发展的低迷期，到明代才走向复兴，清代是湖湘文化空前发展的新阶段①。

在文化重心南移的大背景下，湖南逐渐成为以儒学文化为正统的省区，被学者称为“潇湘洙泗”“荆蛮邹鲁”。湖南的儒学文化以及唐宋以前的本土文化，包括荆楚文化，成为湖湘文化发展的渊源，并分别影响着湖湘文化的两个层面。在思想学术层面，中原的儒学是湖湘文化的来源，岳麓书院讲堂所悬的“道南正脉”匾额，显示着湖湘文化所代表的儒学正统；从社会心理层面，如湖湘的民风民俗，心理特征等，则主要源于本土文化传统。这两种特色鲜明的文化得以重新融合，形成一种独特的区域文化。所以，探讨研究湘学者，能发现湖湘文化中的儒学正统特色，无论是周敦颐、张南轩，还是王船山、曾国藩，他们的学术思想、学术追求，都是以正统的孔孟之道为目标；而考察湘人者，则更会感觉到荆楚山民刚烈、倔劲的个性。这两种文化相互渗透：湘人的性格特质，又受到儒家道德精神的影响，故能表现出一种人格的魅力。如曾国藩在自我人格修炼时追求的“血诚”“明强”，常使我们体味到这种二重文化组合的妙处，“诚”“明”的理念均来自儒家典籍和儒生对人格完善的追求；而“血”“强”的观念又分明涌动着荆楚蛮民的一腔血性！曾国藩组建的湘军，其成员主要是湖湘之地的山民，曾国藩既看中了他们的质直、刚劲的湘人性格，又要求他们学习儒家道德，提高文化修养，体现了曾国藩对这种二重文化组合的自觉运用。

文化在人们的实践活动中不断积淀，日益丰富。发生在潇湘大地上的生产、生活、斗争和迁徙等活动，无不影响着湖湘文化的形成与发展。自远古以来，在三湘四水，湖湘先民求生存，图发展，农耕文明的历史悠久，生产与生活的经验和智慧代代相传。湖湘先民与天斗，与地斗，冒着严寒酷暑，战胜洪水猛兽，抵御外来侵略，湖南人的精神在历史的长河中积淀升华。古代湖南的历次移民也对湖湘文化有着重要影响。湖南自古是兵家必争之地，元代初年及明末清初，湖湘大地就曾多次遭受战火蹂躏，土著族十室九空。在当时朝廷的鼓励和安排下，湖南有过两次大规模移民，主要

① 周秋光. 古代湖湘文化的形成与历史演变［J］. 湖南省社会主义学院学报，2009，01.

是从江苏、浙江、江西和四川等地迁入。所以，湖南方言多达几十种，哪怕是湖南人自己，也不能听懂省内的所有方言。大量移民为湖湘文化提供了厚实多元的元素。同时，移民在陌生的土地上讨生活，不开拓进取、吃苦耐劳、精打细算和勤俭节约是难以获得生存与发展的。所以，历史上几次大规模人口迁徙活动，对湖南人骨子里那种敢为人先、吃苦耐劳、坚忍不拔和倔强勇敢的群体性格的形成，有着十分重要的影响。

湖湘文化的产生与发展也得益于文化传播的润物无声之功。庞大的学者群体、多质的文化覆被、兴盛的书院教育和中原人口南迁湖南等因素，在文化传播中交合一体，构成一种文化机制，它促成了湖湘文化的形成和崛起①。湖湘文化体系中精英文化与民俗文化之间的相互交流，既是两种文化层的交流互动，又是两种文化源头的交流互动②。湖湘文化先后经历了三次大融合：南宋时期，理学思潮兴盛，湖湘学派崛起，形成了古代湖湘文化；近代时期，西学东渐，经世之学的链接，古代湖湘文化转变成近代湖湘文化；新文化运动时期，马克思主义在中国传播，中国共产党成立，湖湘文化发挥了巨大的社会效能。三次文化大融合凸显了湖湘文化“融汇百家，兼收并蓄”的特色③。

湖南山川秀丽，湖湘文化在历史上产生过许多名篇巨著，湘人乃至国人之心性修养、衣食住行、文事武备和功勋史迹无所不包，作为潇湘人物智慧之结晶，湖湘人文精神之沉淀的湖湘文化，谱写了一曲源远流长的历史篇章，成为中国灿烂文化历史中的一个缩影或者符号，为构筑中华文明大厦做出了一定贡献，成为中华民族优秀文化遗产之瑰宝。

在湖湘文化的熏陶下，近代以来的湖南人为实现中华民族的伟大复兴做出了突出的贡献。著名历史地理学家谭其骧说：“清季以来，湖南人才辈出，功业之盛，举世无出其右。”鸦片战争以前的整个古代，《中国历代名人词典》共收录名人 3005 人，湖南籍仅有 23 人，占 0.77%；而鸦片战争以后的近代名人共 750 人，湖南 85 人，占 11.33%。为什么近代湖南人才辈出，勇冠全国？原因固然是多方面的，但作为湖湘文化内核之一的湖南人的精神，是产生“一部近代史，半部湖南书”奇特历史现象

① 钟伦荣. 试论湖湘文化形成和崛起的动因［J］. 湘潭大学学报：哲学社会科学版，1995，06.

② 朱汉民. 湖湘文化探源［J］. 湖南大学学报：社会科学版，2011，04.

③ 柯闻秀. 湖湘文化的三次大融合及其包容性特征的形成［J］. 株洲师范高等专科学校学报，2006，01.

的关键因素。

湖南人的精神是什么？1920年，陈独秀先生在《新青年》上发表了一篇著名的文章，题目就叫作《欢迎湖南人底精神》。节选如下：

湖南人底精神是什么？“若道中华国果亡，除非湖南人尽死。”无论杨度为人如何，却不能以人废言。湖南人这种奋斗精神，却不是杨度说大话，确实可以拿历史证明的。二百几十年前底王船山先生，是何等艰苦奋斗的学者！几十年前曾国藩、罗泽南等一班人，是何等“扎硬寨”“打死战”的书生！黄克强历尽艰难，带一旅湖南兵，在汉阳抵挡清军大队人马；蔡松坡带着病亲领子弹不足的两千云南兵，和十万袁军打死战；他们是何等坚韧不拔的军人！湖南人这种奋斗精神，现在哪里去了？

我曾坐在黑暗室中，忽然想到湖南人死气沉沉的景况，不觉说道：湖南人底精神哪里去了？仿佛有一种微细而悲壮的声音，已渐渐在一班可爱可敬的青年身上复活了。我听了这类声音，欢喜极了，几乎落下泪来！

后来我出了暗室，虽然听说湖南人精神复活底消息，但是我盼望有许多事实，可以证明他们真实的复活，不仅仅是一个复活底消息，不使我的欢喜是一场空梦。

个人的生命最长不过百年，或长或短，不算什么大问题，因为他不是真生命。大问题是什么？真生命是什么？真生命是个人在社会上留下的永远生命，这种永远不朽的生命，乃是个人一生底大问题。社会上有没有这种长命的个人，也是社会底大问题。

Olive Schreiner 夫人底小说有几句话：“你见过蝗虫他们怎样渡河么？第一个走下水边，被水冲去了，于是第二个又来，于是第三个，于是第四个；到后来，他们的死骸堆积起来，成了一座桥，其余的便过去了。”那过去底人不是我们的真生命，那座桥才是我们的真生命，永远的生命！因为过去底人连脚迹也不曾留下，只有这桥留下了永远纪念底价值。

不能说王船山、曾国藩、罗泽南、黄克强、蔡松坡已经是完全死去的人，因为他们桥的生命都还存在。我们欢迎湖南人底精神，是欢迎他们的奋斗精神，欢迎他们奋斗造桥的精神，欢迎他们造的桥比王船山、曾国藩、罗泽南、黄克强、蔡松坡所造的还要雄大精美得多。

（选自《独秀文存》）

从某种意义上说，正是湖南人的精神，奠定了湖湘文化不朽的历史地位。在中国特色社会主义新时代，我们传承湖湘文化，首要的正是弘扬湖南人的精神，为实现中华民族的伟大复兴做出新贡献。

链接 1

拙诚与湖湘文化

唐浩明①

周敦颐对宋代理学的开创厥功甚伟，他的学说对他的家乡湖南影响甚大。理学继承儒学以诚为本的理念，周敦颐对此有着更深刻的认识。他说："诚者圣人之本。""'大哉乾元，万物资始'，诚之源也。"又说："诚，五常之本，百行之源也。"在周敦颐看来，诚不仅是一个道德概念，而且是宇宙万物的本源。素有"道南正脉"之称的湖湘学术，全面弘扬由周敦颐开创、由程朱光大的理学。修身立诚，千百年来一直是正统湖湘学人的突出特点。

周敦颐还大力倡导"拙"。他为此专门写了一篇《拙赋》来抒怀。这篇赋很短，全文如下："或谓予曰：'人谓子拙。'予曰：'巧，窃所耻也，且患世多巧也。'喜而赋之曰：巧者言，拙者默；巧者劳，拙者逸；巧者贼，拙者德；巧者凶，拙者吉。呜呼！天下拙，刑政彻。上安下顺，风清弊绝。"周敦颐以拙者自居，并认为拙有默、逸、德、吉四大好处。他希望大家都拙，若普天下的人都拙的话，则政治透彻，风清气正。湖南历来民风朴实，对于拙，普遍能予以认同。

拙诚，应是湖湘学术、湖湘文化中一个极具地域性的特色。在近代，经曾国藩、罗泽南等人的大力推崇与实心践行，拙诚之理念更转化为强大的改变社会的力量。

清同治八年（1869 年），在湘军已誉满海内时，曾国藩为湘乡昭忠祠写了一篇文章，指出湘乡民风最大的特点便是拙诚，而诞生在湘乡的湘军之所以成事，靠的也就是拙诚。他说："今海宇粗安……能常葆此拙且诚者，出而济世，入而表里，

① 唐浩明. 拙诚与湖湘文化. 光明日报，2019-01-05（12）.

群材之兴也，不可量矣。”他的意思是，眼下战争结束，四海安定，若能永葆拙诚之精神，则可以做到人才辈出，什么事都能做得好。

湖南地处偏僻，民生贫困，笨拙是湖南民众普遍的外在表现形式。他们看起来有点愚笨的样子，其实并不愚笨，只是不善于投机取巧、偷懒耍滑、走小道抄近路赚轻松钱，习惯于脚踏实地、盈科后进、一步一个脚印，相信只有勤劳血汗得来的成果才是长久的。诚即精神专注、持之不懈、实实在在、不假不二、表里如一、不背诺言、不忘初心、目标坚定、矢志不渝。拙诚不仅是湘乡一县的特点，也是湖南全省的特点。战争年代，拙诚在湘军军营中的体现，则为著名的硬寨死仗。咸丰九年（1859 年）三月十二日，曾国藩在给左宗棠的信中说，他未在太平军中看到“结硬寨打死仗”的现象，故而他认定太平军是可以战胜的。曾氏认为硬寨死仗是军队克敌制胜的必要条件，他所倡导的这种死硬作风，也是当时湘军的普遍军风。这种看起来有点笨拙的战术，最终成了湘军取得胜利的主要手段。

曾国藩又将这种拙诚比之为愚公移山。他在湘军高层中常常提到愚公移山，如同治二年（1863 年）十月二十日在给郭崑焘的信中说：“舍弟募勇太多，鄙人深以为虑。渠锐意合围，亦颇有愚公移山之苦衷，屡次规责，诚其智小而谋大，而亦未尝不谅其拙诚也。”在曾氏看来，愚公移山与拙诚，遵奉的是同一理念，践行的是同一方式。当这支部队成为胜利之师的时候，拙诚或愚公移山，便以一种共识被湖湘士人加以提炼，并成为近代湖湘文化的一个特殊标记。

深受湖湘文化熏陶的毛泽东也经常以愚公移山这个词，来表达他的“下定决心，不怕牺牲，排除万难，去争取胜利”的奋斗精神。1945 年 6 月，在中共七大会议闭幕报告中，他向代表们动情地讲述了愚公移山的古老故事，号召全党以愚公移山的精神，搬掉压在中华民族头上的大山。他说，我们一定要坚持下去，一定要不断地工作，我们也会感动上帝的，这个上帝就是全中国的人民大众。

其实，湖南就是中国的缩影，若放在世界视域里，中华民族要图强要复兴，最可依靠的也只有拙诚即愚公移山的精神。所以，毛泽东提出的“愚公移山”能得到全党的理解与拥护，并因此而取得革命的胜利。要说湘学对近现代中国的思想贡献，这应该是其中的一个重要部分。

链接 2

王开林散文《天地雄心》中的湖湘文化精神（节选）

周跃①

《天地雄心》是一部将历史散文与政论散文熔一炉炼而生成的别开生面别出锋芒的力作，全书共收入29个人物，有20位是湖南人。作者通过抒写其人其事，在表达壮美的民族精神的同时，也表达了湖湘人深深的自豪感。

《天地雄心》以历史人物为经、以历史事件为纬，从政治到文学，从湘军的曾国藩、左宗棠到谭嗣同、秋瑾，从屈原、龚自珍到苏曼殊、沈从文，在风云际会的时代历史背景下，抒写了近现代湖湘地区二十余位风云人物。作者认为，湖湘文化之所以能够源远流长，所凭借的正是经过三千年风雨滋润的神奇土地。在湖湘文化结构里，作为经线的思想有其独特的兼容并蓄、大气厚重的构成元素，即卧薪尝胆的奋斗品格、追求真理的殉道精神、“心性义理”的道德自察意识、“师夷之长技以制夷”之穷则思变，以及岳麓书院的先行者们所倡导的“知行并发”“传道济民”“经世致用”的高洁信念；而作为实践这些信念的经线，则是由有着相同或相似的血缘家谱的英雄符簇串连而成：魏源、曾国藩、左宗棠、胡林翼、彭玉麟、曾国荃、王闿运、八指头陀、易顺鼎、叶德辉、齐白石、谭嗣同、熊希龄、黄兴、杨度、刘揆一、章士钊、宋教仁、蔡锷、沈从文等。这个英雄符簇往“纵”可延伸到黄兴、蔡锷、陈天华、秋瑾、沈从文等，往“横”可伸展到魏源、曾国藩、左宗棠、谭嗣同、宋教仁……一个个身手不凡，光彩照人。无疑，在华夏文化的历史长卷中，古老的湖湘写下了无可替代的辉煌一页。在王开林创作的文本中，有怀揣“强国梦”的魏源，有“不为圣贤，即为禽兽；莫问收获，但问耕耘”的曾国藩，有“……但能破船坚炮利诡谋，老命固不惜”的左宗棠，有“无补时艰深愧我，一腔心事托梅花”的胡林翼，有用“杀人手段救人心”的彭玉麟，有用“剃刀明霜雪”的曾国荃，有“空留高咏满江山”的王闿运，有只愿“令大觉海中，增一浮沤可也”的八指头陀，有“三副热泪”的易

① 周跃. 王开林散文《天地雄心》中的湖湘文化精神［J］. 现代交际，2011，02.

顺鼎，有“恶之花”之名的叶德辉，有主张“学我者生，似我者死”的齐白石，有“有心杀贼，无力回天；死得其所，快哉快哉”的谭嗣同，有“我欲寻求新生命，惟有精神奋斗”的熊希龄，有认为“大丈夫不为情死，不为病死，当为国杀贼而死”的黄兴，有“负谤千秋”的杨度，有“回首叫，云飞风起”的刘揆一，有“老虎总长”的章士钊，有“桃源深处难寻的渔父”宋教仁，有“……但为四万万人争人格起见，非拚着命去干这一回不可”的蔡锷，有“我一生，从不相信权力，只相信智慧”的沈从文。这些湘中豪杰，一个个有血有肉地从苍白的历史符号中走了出来，与今人对话，与天地对话。他们构成了湖湘文化最为重要的内核基础，其思想曾经激励了一代代发奋图强的中华儿女，将来也必将继续激励千千万万的志士仁人继续前进。

《天地雄心》没有去追求对历史事实的再现或者是矫正，除了文字的精练与优美之外，也没有那种结构宏大的话语模式，而更多的是关注人物的命运、人生的价值以及人性的光辉或者遗憾。优美流畅的语言娓娓道来，像是一会儿穿越时空与作品里的人物对话，一会儿又向读者发出几声人生的感叹。字里行间不仅折射出作者对历史的重新观照，更投射了作者超越时空对生命的关切。《天地雄心》的篇幅中虽然大部分写的是湖湘子弟，但作者却并不是为写湖湘而写湖湘，而是由点及面，通过对20世纪初湖湘子弟的关照来审视当时中国面对日益开放的世界的一种态度。正如作者所说：“地域的概念在书中其实是相当模糊的，那些高瞻远瞩的天之骄子，不管与湖南这方水土怎样血脉相连，他们都不会受三湘四水的局囿，他们是属于中国大舞台的，是属于世界大舞台的。”

链接 3

论湖湘文化的和谐魅力

周行易①

摘要：本文从湖湘稻作文化起源、炎帝和舜帝的民本思想、古代凤凰图案的和谐理念以及湖南民俗文化和山水文化积淀等几个方面，分析和论述了中国传统文化中和

① 周行易. 论湖湘文化的和谐魅力［J］. 企业家天地，2010，02.

谐哲学的认识基础和文化基础，提出了中国传统文化中的和谐观念萌芽于湖南远古稻作文化的新观点。

一、远古湖湘稻作文化是中国传统文化中和谐观念形成的认识基础

一般认为，湖湘文化是一种地域文化，是中国传统文化的一个分支。从中国传统文化的整体来看，这当然是对的。但从文化发展的不同逻辑起点而言，远古湖湘文化又是中国传统文化的一个重要源头。

文明的创造主体是人。文明的创造是必须以延续人类生命的食物供给为前提的。中国古代社会的粮食作物主要有两种：南方的水稻和北方的粟。在时间上，水稻的诞生比粟要早得多。从已有的考古材料看，中国目前发现的最早年代的栽培粟，出土于河北武安磁山遗址，距今约 8000 年；而在湖南道县玉蟾岩遗址，出土了 14000 年前的迄今为止所发现的人类最早的栽培稻；在湖南澧县彭头山遗址，出土了距今约 9000 年的大量稻作文化遗存，附近相继发掘的还有八十垱、胡家屋场、邹家山、金鸡湾、刁家湾、涂家台和坟山堡等好几十处稻作文化遗址，形成了一个庞大的彭头山稻作文化群。这些都说明湖南应为中华农耕文明起源最早的地区。

这里我们不对中华农耕文明的起源作更多的探讨，所要强调的是：14000 年前原始栽培稻在湖南的诞生，反映了我们的先民们对自然态度的一个重要变化，即他们从一味地以渔猎采集的简单方式从自然界攫取食物，开始向利用天时地利、顺应自然规律、运用人工栽培植物来获取食物的方向转变。

这个转变无疑是伟大的，它反映了中国原始人类在处理人与自然关系时认识上的飞跃。

这个转变给我们透露出了这样一个信息：在 14000 年前，生活在湖南的先民们已发现不能仅靠原来简单的方式向自然界攫取食物了，那种无休止地掠夺造成了自然界动植物资源的迅速减少，人类已面临着严重的口粮危机。他们开始意识到人类要继续生存繁衍，必须走“可持续发展”之路，寻找一种生生不息的新的食物资源。于是他们发明了人工栽培稻。

这种认识上的飞跃，不仅是中国农耕文明的滥觞，而且是中国传统文化中人与自然和谐相处观念的萌芽。后来中国传统文化中的丰富的和谐思想，可以说都是在这个认识基础上发展起来的。如孟子所云：“不违农时，谷不可胜食也；数罟不入洿池，鱼鳖不可胜食也；斧斤以时入山林，材木不可胜用也。谷与鱼鳖不可胜食，材木不可

胜用，是使民养生丧死无憾也。”（《梁惠王章句上》）这段话，便清晰地反映出了这种认识的发展轨迹。

从汉字“和”的造字构成，我们能更直观地看到中国传统文化中的和谐观念与远古湖湘稻作文化的密切关系。

“和”从“禾”，“禾”的本义就是“稻”。稻在湖南农村今天仍然叫做“禾”，如插秧叫“插禾”，收割稻子叫“打禾”，捡稻穗叫“捡禾穗”。甲骨文有“禾”字而无“稻”字，“稻”字在金文中才出现。随着农业文明的发展，禾类作物逐渐增多，后来“禾”字成了中国文化中禾类作物的统称，古人才又造了一个“稻”字来表示“禾”字的原有意义。

“和”由“禾”与“口”组成。“禾”在甲骨文中像稻穗下垂之形，“口”当然就是人口了。“和”字的字义构成包含了“自然”与“人”两个方面的对立统一，即自然作物能满足人类的口粮需求，“禾”与“口”处于矛盾对立的协调、均衡、有序状态，这就是“和”。所以，“和”有“呼应”“和谐”之义。

至于过去把“禾”释为“粟”，这是前人囿于中原文明正统论的观点所致。随着稻作文化的悠久历史被发现，这种观点应当予以纠正。甲骨文、金文均未见“粟”字，“粟”为后起字。“粟”以“米”为形旁，不从禾，本义是“谷粒”。北方农村称“粟”为谷子，不称“禾”。因此，中国传统文化中的和谐观念应是远古湖湘稻作文化的产物。

在甲骨文中，“和”原来写作“龢”。从“龢”字的造字构成，也能证明中国传统文化中的和谐观念产生于远古湖湘稻作文化之中。“龢”字由“禾”与“龠”组成，表示奏乐祈祷或欢庆“禾”的丰收。“禾”丰收了，大家就能吃饱肚子，能吃饱肚子人心就稳定，而人心稳定社会就和谐。所以，“龢”有“协调”“和谐”之意义。“龢”的形旁“龠”的甲骨文像今南方少数民族的排笙之形，为管状乐器。目前，我国已发现的最早的管状乐器，是在淮河流域的贾湖遗址出土的骨笛，距今已有八九千年历史。贾湖遗址虽然在河南，但它属于稻作文化遗址，该遗址的墓葬都头朝洞庭湖方向，用于祭祀的一种小龟也产自洞庭湖区，它的稻作文化显然是从湖南传播过去的。

从“龢”到“和”的字形演变，正好说明了原始稻作逐步满足我们祖先口粮需求的发展全过程。

由上可见，“和”是生活在湖南的先民们，通过人工栽培稻逐渐解决中国原始人类的第一次自然食物匮乏危机后，对农耕社会温饱生活状态的最朴素定义。

因此，远古湖湘稻作文化应为中国传统文化中和谐观念形成的最早平台。这是湖湘文化的和谐魅力之一。

二、炎、舜二帝的民本思想在湖湘文化中具有最深厚的历史积淀

构建和谐社会的一个重要方面是民生。关爱百姓，体察民情，重视民生，让全社会共同富裕发展，这是我们今天社会主义和谐社会建设的主要内容。从中国传统文化的角度来看，与此接近的有所谓“民本”思想。民本思想在先秦儒家学说中表述颇多，如孔子的“百姓足，君孰与不足，百姓不足，君孰与足”；孟子的“是故明君制民之产，必使仰足以事父母，俯足以畜妻子，乐岁终身饱，凶年免于死亡”等，但它并非出自先秦儒家，追根溯源，中国人文始祖中的炎、舜二帝才是民本思想的首倡者和最早身体力行者。

炎、舜二帝与湖南有着不同寻常的关系。按照传统说法，炎、舜二帝南巡，都崩葬在湖南。随着中华文明起源二元论即长江流域同样是中华文明的发源地之一的观点被人们所普遍认同，近年来，一些学者根据道县玉蟾岩、澧县彭头山等史前稻作文化遗址的新发现，还提出了炎帝、舜帝等中华人文始祖的故乡在湖南的新观点。

说炎、舜二帝的故乡在湖南，还需要更多论证。但在历史传说中，炎、舜二帝在湖湘大地的确留下了众多体恤民艰的行踪、遗迹和传说故事，他们流传于世的民本思想与当时的湖湘民生息息相关。这些都是我们挖掘湖湘文化和谐魅力的宝贵资源。

在历史传说中，炎帝是华夏原始农业的创始人，因此又称神农氏。相传，上古时候，炎帝看到人们靠渔猎采集为生，常常挨饿、遇险，心里极为不安。于是他不辞辛苦，跋山涉水，冒着生命危险，尝了无数的植物籽实，终于在南方的一个地方找到了一种可以种植且能结出很多籽实供人吃的植物，这就是稻禾。后来人们把炎帝寻到稻禾的地方取名为“嘉禾”，即今天的湖南省郴州市嘉禾县。为了减轻人民耕作稻禾的劳苦，提高产量，炎帝又创造了木制耒耜，教民耕种，后来人们把炎帝制耒耜的地方的一条河取名为“耒水”，今湖南耒阳即因处于耒水之南而得名。为了不误农时，炎帝还教民以气象知识，相传赤松子就是炎帝的雨师，湖南不少地方都留下了与赤松子有关的地名，如浏阳有“赤松山”，华容有“赤松子亭”等。

不仅如此，传说炎帝为了寻找良药给人民治病，还曾遍尝百草，在湖南境内日遇

七十毒，终因尝到断肠草而崩葬于湖南。《路史·后纪三》载："炎帝死后葬于长沙茶乡之尾，是曰茶陵。"南宋时从茶陵析置酃县，即今湖南的炎陵县。今炎陵县仍有炎帝陵。

炎帝如此体恤民艰，湖湘人民对他十分怀念。时至清代，衡湘之间，其民仍立"念柱"（炎帝柱）、修神农祠纪念他。

舜帝名重华，号有虞氏。年轻时就"好学孝友"，在他成为有虞氏部落的首领后，更是以身作则，带领百姓发展生产。《山海经·海内经》载，舜帝为视察水旱灾害而南巡，溯湘江，过长沙，跋涉苍梧，引水灌田，因积劳成疾而崩，"葬于长沙零陵界中"，即今永州的九嶷山。

舜帝时刻把人民的疾苦萦系于怀。他在九嶷山体察民情时，看到日出而作日落而息、终日劳累仍苦不堪言的黎民，慨然作《南风》歌曰："南风之熏兮，可以解吾民之愠兮；南风之时兮，可以阜吾民之财兮。"据说舜帝弹唱《南风歌》的地方，就在今湖南蓝山与广东连州交界之处，名叫南风坳。

舜帝主张宽厚待民轻诛杀，即使对待不服王化滋扰南国的"三苗"，也主张"修政偃兵，执干戚而舞之"。上古时期，湘乡一带就是三苗居住地，传说舜帝南巡到湘乡的一个山峰时，忽然鼓角齐鸣，作乱的苗民手执弓矛将他一干人团团围住，形势十分危急。这时舜帝命随人奏起了韶乐，一时间百鸟和鸣，凤凰来仪。苗人被妙不可言的韶乐所感化，纷纷丢下手中的武器伴着音乐节奏情不自禁地跳起舞来。于是，一场干戈化为玉帛。相传这个舜帝演奏韶乐的地方就是今天的"韶山"（韶山旧属湘乡）。《湖南省志·地理志》引《嘉庆一统志》说："韶山，相传舜南巡时，奏韶乐于此，因名。"

然而对于官吏，舜帝却要求非常严格，他制定了一整套苛刻的考核制度：规定诸侯对自己的臣仆每月考核一次，州牧对自己的下属每季度考核一次，天子对帝国四岳、十二大行政区的州牧、大诸侯以及所有高级官员每三年考核一次，然后根据考核情况，贤能有功者给予升赏；庸碌不肖，为政有恶绩者，断然予以罢免。

炎、舜二帝南巡时积淀在湖湘历史文化中的深厚的民本思想，是湖湘文化的又一和谐魅力。

三、远古湖湘稻作文化孕育了我国民间最完美的和谐文化象征物——凤凰

"凤凰"是中国神话传说中的神鸟，后来与"龙"一起成为中华民族精神的象

征，但它的产生却一直是个谜。近年在湖南洪江市高庙文化遗址出土的一个白色陶罐上，发现了我国最古老的凤凰图案，距今有7800年的历史。这一发现为揭开“凤凰”诞生之谜提供了异常珍贵的实物资料，震惊了考古界。

在湖南发现中国最古老的凤凰图案并非偶然，湖南是我国稻作文化的故乡，而凤凰的诞生与远古稻作文化密切相关，可以说，它原本就是稻作文化的产物。长沙大塘遗址出土的7000年前的凤凰图案，其凤鸟口中即衔着禾苗。

大量的文献资料表明，在原始时代，中国南方稻作民族以“鸟”为图腾。笔者曾在湘中发现一张明代万历年间的图卷，上面绘的裸体五猖、雷神，都是鸟首人身，手里还握着一只鸟。这种人鸟合一的形象即为典型的鸟图腾崇拜产物——这说明在明代，鸟图腾崇拜观念在湖南民间还很突出。至今湖南少数民族地区的风雨桥上，还雕塑着鸟，这也可以看成是鸟图腾崇拜的文化遗存。

这种被原始人类视为图腾的鸟，古称“丹雀”，又称“阳鸟”“鸾鸟”，与稻作文化起源密切相关。《拾遗记》卷一说：“(炎帝) 时有丹雀，衔九穗禾，其坠地者，帝乃拾之，以植于田，食者老而不死。”所谓“丹雀”“阳鸟”“鸾鸟”，就是凤凰神鸟的原型。《广雅》云：“鸾鸟，凤皇属也。”

由于凤凰文化深深植根于稻作文化之中，“和”也就成了凤凰形象的基本属性。《山海经 · 南山经》云：“是鸟也，饮食自然，自歌自舞，见则天下安宁。”所以，凤凰在民间自古就代表着和美、和谐与祥和。

“凤凰”形象本身就是和谐观念的产物。一方面，它是一个“二合一”的对立统一体，雄为凤，雌为凰，表示阴阳调和、合和祥瑞；另一方面，它又是一个多元和合体，是在鸟图腾的基础上，融合原始时代多个不同部族所崇拜的自然物的特征，集大成之美而成。如《说文》就这样描绘凤凰形象的多元和合特征：“凤之象也，鸿前麟后，鹳颡鸳腮，龙文龟背，燕颔鸡啄，五色备举。”

在中国传统文化中，凤凰形象不仅表示自然物之“和”，也表示人类社会之“和”。凤凰“五色”后来就被看成是维系古代社会和谐安定的“德、义、礼、仁、信”五条伦理的象征。如《山海经 · 南山经》说：“(凤凰) 首文曰德，翼文曰义，背文曰礼，膺文曰仁，腹文曰信”。《山海经 · 海内经》也说：“有鸾鸟自歌，凤鸟自舞。凤鸟首文曰德，翼文曰顺，膺文曰仁，背文曰义，见则天下和。”

在古代，凤凰还用来指有德之人。古代思想家老子即曾以凤凰来比喻主张“和为贵”的孔子，据《庄子》记载：“老子见孔子从弟子五人，问曰：‘前为谁?’对曰：‘子路为勇。其次子贡为智，曾子为孝，颜回为仁，子张为武。’老子叹曰：‘吾闻南方有鸟，其名为凤，……凤鸟之文，戴圣婴仁，右智左贤。’”

可以说，凤凰文化的和谐理念涵盖了自然、社会的方方面面。凤凰形象的这种“和”的属性，在有关凤凰的成语中也被经常运用。如：“鸾凤和鸣”既表示自然界鸾鸟与凤凰相应鸣叫，声音和悦，也常被人们用来表示夫妻关系的和谐；“百鸟朝凤”既象征自然界的和谐秩序，古代也喻指君主圣明而天下依附，或比喻德高望重者众望所归，象征社会的和谐；“丹凤朝阳”既形象地反映了原始农业时代阳鸟与太阳的和谐关系，在古代也被用来表示君臣之间的和睦协调状态。如王世贞《鸣凤记》：“前后同心八谏臣，朝阳丹凤一齐鸣。”

湖湘远古稻作文化孕育出了中国民间如此完美的和谐文化象征物——“凤凰”，这是湖湘文化的和谐魅力之三。

四、湖南的民俗文化与山水文化积淀中蕴藏有丰富的和谐元素

民俗文化是地域文化的根基所在，它从不同层面反映出一种地域文化的整体特色。湖南作为中国农耕社会和谐观念的发源地，其民间习俗中也蕴藏有丰富的和谐元素。

首先，许多湖湘民俗都体现了强烈的人与自然和谐观念。如在湘中、湘西南农村，过去流传有除夕给家畜、果树“喂年饭”的习俗：每当过年，人们要把第一碗年饭先喂狗，依次再喂牛、羊、猪等家畜，接着是给桃、李等果树喂年饭。

这些地区还有给自然物和农畜放假的习俗：如每年的最后一天不准去井里挑水，说是让辛苦了一年的“龙王”（井）也休息一天。又如每逢戊日不犁田，说是有一天牛犁田很累了，突然反过头来哭着对人说：“我总是在前头背犁，好辛苦啊，咱俩换个位置吧。”这时恰遇老佛爷从天上路过，就对牛说：“你莫哭，十天有一戊，逢戊就休息。”从此每逢戊日，即使春耕再忙，人们也不催牛耕田。

又如曾在湖南民间广泛流传的梅山教中，有一条严格的教规，即不准向自然界暴取暴夺，搞“竭泽而渔”。信梅山教的人捕鱼，估计所捕之鱼已够当天自己吃，就不能再捕了。捉泥鳅也是如此，能吃多少就捉多少，绝不许贪得无厌，而且最后还要从已捉到的泥鳅中拿出“一公一母”来放生，让其繁衍子孙。

这些民俗有的体现了人类对自然的感恩之心，有的体现了由人及物的兼爱思想，

有的还体现出了人与自然和谐相处的朴素的可持续发展观，实属难能可贵！

其次，湖湘民间宗教中蕴藏着丰富的期盼全社会和谐的思想。

如上面所提及的梅山教，它的神坛就是一个以鲜明的和谐理念构建的万神咸集、和睦相处、秩序井然的虚幻神灵世界。

“和”的观念可以说是梅山教的首要宗教观念。梅山教的一个最基本法事活动，就直接以“和”命名，叫“和梅山”。所谓“和梅山”，就是“和合梅山诸神”的意思。梅山教还有一个重大的法事活动叫“还都猖傩愿”，所谓“都猖”，即指“全部神祇”。“还都猖傩愿”也就是了却许给全部神祇的心愿以和合诸神的意思。

“梅山诸神”“都猖”其实是一个超越梅山神系本体的开放性神祇群体概念。从当今尚存的《酬还都猖大愿科仪本·起首》可见，梅山教所请之神包括巫教、道教、佛教和儒教的各路神仙，总数有好几百位，几乎囊括了中国民间所信奉的全部神祇。这样一个庞大的诸神团聚、和谐相处的虚幻世界，从某种意义上说，反映的也是人类对社会生活中各阶层和谐相处的一种美好现实愿望。

“和梅山”“还都猖傩愿”在宗教法器的运用与迎神曲词的祷唱风格上，也是集巫、道、释和儒诸宗教祭祀典礼之大成，表现出一种打破藩篱、兼容并蓄、各尽其能、平等协调的“和合”精神。如所用的乐器有巫教的穿堂鼓、牛角，道教的笛子，佛教的海螺，儒教的磬子等；其祷唱风格则有巫教的默诵，道教的高腔，佛教的唸经，儒教的有节奏的读诵等。梅山教中这种以“和”为根本，巫、道、释和儒多种宗教形态相互渗透、相互融合、和谐共处的文化现象，在全国其他地方的民间宗教中是罕见的。

梅山神系的开山祖师叫“张五郎”，其他梅山神有所谓“梅婆蒂主”“三洞娘娘”“各路梅山”等，在梅山教所有祭祀神灵的法事活动中，他们都从不因自己是梅山本体尊神而自居自傲，而是以一种谦和的姿态协合诸神。在诸神排位中，梅山开山祖师张五郎甚至排在神龛的最下面。这或许也可以看成是炎帝、舜帝以民为本思想在湖湘民间宗教中的精神折光吧。

另外，湖南的自然山水文化积淀中的和谐元素也很突出。

俗语云：“天下名山僧占多。”但湖南的衡山、岳麓山两座“天下名山”，都不是佛家所独占，而是呈现出一种儒、释、道三家和谐共处的格局。岳麓山山脚有千年学府岳麓书院，山腰有被誉为“汉初最初名胜，湖湘第一道场”的佛教名寺麓山寺，山顶有可闻“日夜江声下洞庭”的巍峨道观云麓宫。南岳衡山也是如此，除了有著名的邺侯书院外，众多佛寺、道观长期并处一山，千百年来共生共荣，和睦为邻，蔚为大观。特别是南岳大庙，还出现了佛、道二教共处一庙、和谐共生的奇特现象，这在全国的宗教胜地恐怕是绝无仅有的。

至于洞庭湖岳阳楼所积淀的“先天下之忧而忧，后天下之乐而乐”的民本思想，则更为大家所熟悉了。

湖南民俗文化与山水文化积淀中所蕴藏的这些丰富的和谐元素，可以说是湖湘文化的第四大和谐魅力之所在。

参考文献

［1］湖南省考古文物研究所. 彭头山与八十垱［M］. 北京：科学出版社，2006.

［2］林河. 中国巫傩史［M］. 广州：花城出版社，2001.

［3］刘志一. 关于稻作农业起源问题的通讯［J］. 农业考古，1994（3：54-69）.

第一章

源远流长

——湖湘文化的渊源与发展

第一节　湖湘大地——物质载体

文化凝结于物质之中，又游离于物质之外。离开了湖湘大地，湖湘文化就如同一颗种子失去了赖以生根发芽开花结果的沃土。

文化特征与自然环境有着密切的联系。三湘四水的灵动多彩，孕育出湖湘文化这种激越冲突型的地域文化。

湖南东、南、西三面环山，北面则是自古为五湖之首的“八百里洞庭”。这是一块由山与水共同围合而成的相对封闭的马蹄形地域。

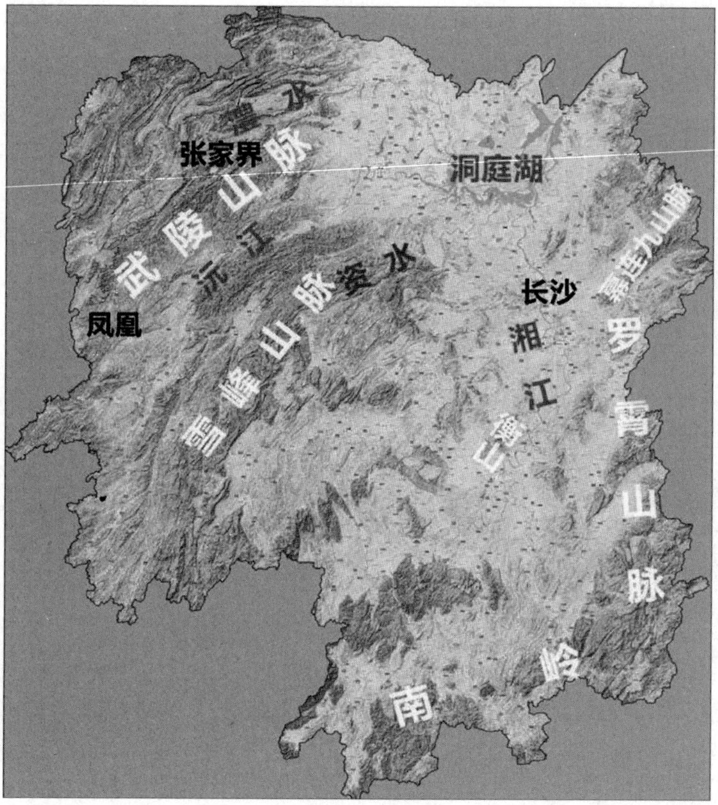

湖南省地形图

幕连九山脉、罗霄山脉立于湖南东部，主要山峰海拔多在1500~2000米。群山竞黛，云海茫茫，风光无限。位于罗霄山脉中段的神农峰，原名酃（líng）峰，又名斗笠峰，峰顶海拔约2115.2米，为湖南最高峰。

酃峰云海

西部是湖南山峰最密集、景色最雄奇的区域。武陵山脉和雪峰山脉犹如两条巨龙，蜿蜒数百公里，构成了整个湘西半部的骨架。其中雪峰山脉是中国第二、三阶梯的分界线，是湖南省境内最大的山脉。

雪峰山脉主峰苏宝顶海拔1934米（摄影/李小军）

东西绵延1400公里的南岭山脉横亘于湖南南部，群峰海拔多在1000米以上。南岭以南终年温暖，少见霜雪。南岭以北冬季较冷，常见飞雪。

南岭山脉北麓的莽山鬼子寨（摄影/黄庆党）

湖南北部是范仲淹笔下“衔远山，吞长江，浩浩汤汤，横无际涯；朝晖夕阴，气象万千”的洞庭湖，它是湖南的“母亲湖”，也是中国传统农业的发祥地。洞庭湖区还是世界上人工栽培水稻最早的发源地。

冬季，凛冽的西伯利亚寒流滚滚南下，长驱直入湖南全境，到达南岭脚下郴州、永州一线，阻于南岭；夏季，南方的烈日加上湘北洞庭湖大水面的蒸发，三湘大地热气郁积而不得散发，盛夏酷暑可达41℃，夜晚气温仍可高达33℃；而春秋两季，三湘大地时而受西北冷锋控制，时而受西南暖湿气流影响，故气候多变，时晴时雨，骤冷骤热。钱基博先生曾就湖南自然地理环境对湖湘文化的影响发表过独到而精辟的见解：“湖南之为省，北阻大江，南薄五岭，西接黔蜀，群苗所萃，盖四塞之国。其地水少而山多。重山叠岭，滩河峻激，而舟车不易为交通。顽石赭土，地质刚坚，而民性多流于倔强。以故风气锢塞，常不为中原人文所沾被。抑亦风气自创，能别于中原人物以独立。人杰地灵，大德迭起，前不见古人，后不见来者，宏识孤怀，涵今茹古，罔不有独立自由之思想，有坚强不磨之志节。湛深古学而能自辟蹊径，不为古学

洞庭夕照（摄影/罗铭）

所囿。义以淑群，行必厉己，以开一代之风气，盖地理使之然也。”

尽管湖南号称“鱼米之乡”，自古却属居住条件恶劣的荒蛮之地，以至于贾谊被派往长沙当王太傅，自视为流放而痛苦早逝。古代湖南相对于中原地区是信息闭塞的地方，又是“艰难困苦，玉汝于成”的地方。“深山大泽，实生龙蛇”，成就了湖南人坚强勇毅的性格。闭塞的环境，培育了湖南人独立思考、不随人俯仰的精神。冬寒夏暑、春秋两季变化无常，培养了湖南人认同天道变化无常的道理、不屈不挠的奋斗精神以及爱憎分明的性格。如楚辞中的离骚、天问、招魂，湘楚巫文化中的祭祀，长沙马王堆汉墓中的漆画等，其不同于黄河流域文化的最大特点就是不追求对称和工稳，而是更跳跃，更激情，特别是表现出对天道无常变化的疑问、适应和反抗精神。

几千年过去了，湖南山水依旧，从神农炎帝到屈原、蔡伦、欧阳询、怀素，到周敦颐、胡安国、胡宏、张栻，到王夫之、陶澍、贺长龄、魏源，到郭嵩焘、曾国藩、左宗棠、胡林翼，到谭嗣同、唐才常、黄兴、蔡锷，到毛泽东、蔡和森、刘少奇、彭德怀，这种性格和精神一以贯之。

潇湘大地对湖湘人物的影响从毛泽东《沁园春·长沙》一词中可见一斑。

独立寒秋，湘江北去，橘子洲头。
看万山红遍，层林尽染；漫江碧透，百舸争流。
鹰击长空，鱼翔浅底，万类霜天竞自由。
怅寥廓，问苍茫大地，谁主沉浮？
携来百侣曾游，忆往昔峥嵘岁月稠。
恰同学少年，风华正茂；书生意气，挥斥方遒。
指点江山，激扬文字，粪土当年万户侯。
曾记否，到中流击水，浪遏飞舟？

在湖南省立第一师范学校求学期间，青年学生毛泽东经常到岳麓山进行“风浴”和“雨浴”，以锻炼体魄、开阔胸襟。有一次，当黎明即将来临的时候，毛泽东和蔡和森等同学健步登上了山巅。不久，冷风四起，空气清新，他们乘机作“大风浴”。极目远眺，四面起伏的绿浪、天际灿烂的彩霞、江上往来的白帆……大自然的瑰丽风光尽收眼底。这时，他们吟诵起山顶云麓宫前望江亭上的一副对联：“西南云气来衡岳，日夜江声下洞庭”，体味着其中的意境，顿觉胸怀开阔，旷然有凌云之概。还有一次，在一个电闪雷鸣、狂风大作、暴雨倾盆的夜晚，毛泽东顶风冒雨，登上岳麓山，然后又从山顶跑下来，遍体湿淋淋地来到山下蔡和森的家里。蔡伯母问他怎么回事，他说这是为了体会《书经》上“纳于大麓，烈风雷雨弗迷”这句话的情趣，并借以锻炼身体和意志。

浩如烟海的湖湘文化典籍是承载湖湘文化的“有字之书”，让人们能够非常便捷地了解湖湘文化。此外还有不少“无字之书”，让人们能够更加直观和深入地体味湖湘文化的意蕴。

有人说，每一位名人都是一部深邃的大书，每一座名人故居都有一段奇妙的故事。湖南自古出人才，很多历史人物都生于斯长于斯，近现代历史人物尤甚。湖南众多的名人故居蕴藏着深厚的湖湘文化内涵。以长沙为例，据统计，长沙市现存近现代名人故居类文物 54 处，其中，全国重点文物保护单位 7 处，省级文物保护单位 17 处，市级文物保护单位 18 处，县级文物保护单位 3 处，一般不可移动文物 9 处。

湖南各地名人故居（不完全统计）

长沙市

贾谊故居、郭嵩焘故居、谭嗣同故居、黄兴故居
刘少奇故居、徐特立故居、何叔衡故居、谢觉哉故居
清水塘毛泽东杨开慧故居、杨开慧故居、柳直荀故居
胡耀邦故居、李富春故居、李维汉故居、萧劲光故居
许光达故居、杨勇故居、王震故居、王首道故居
宋任穷故居、李志民故居、田汉故居、欧阳予倩故居
寻淮州故居、缪伯英故居、陈昌故居、雷锋故居
焦达峰故居、郭亮故居、田波扬故居、李白烈士故居
朱昌琳故居、李觉公馆、程潜公馆、唐生智公馆

株洲市

桥头江家——毛泽东水口旧居、李立三故居
谭震林故居、陈明仁故居、张平化故居、何孟雄故居
杨得志故居、龙开富故居、周里故居

湘潭市

毛泽东故居、彭德怀故居、黎氏八兄弟故居、黄公略故居
李卓然故居、陈赓故居、谭政故居、周小舟故居、秋瑾故居
齐白石故居、刘揆一刘道一故居、左宗棠故居、杨度故居
罗亦农故居、赵启霖故居、朱五典故居、胡沁园故居、郭汪璨故居
柳春霆故居、胡颖故居、黎培敬故居、周诒柯故居

衡阳市

蔡伦纪念园、王船山故居、彭玉麟故居、唐群英故居
罗荣桓故居、朱少连故居、夏明翰故居、谢维俊故居

王如痴故居、文立正故居、彭明治故居、刘亚球故居
秦孝仪故居、王光泽故居、肖石月故居

邵阳市

蓝玉故里、陈锡兰故居、邹汉勋故居、魏午庄故居
袁也烈故居、魏源故居、谭人凤故居、蔡锷公馆
蔡锷故居、谢嵩故居、袁国平故居、宛旦平故居
贺绿汀故居、吕振羽故居

岳阳市

张谷英村、杨一鹏故里、张岳龄故居、郭嵩焘故居
左宗棠故居、向钧烈士故居、钟赤兵将军旧居
毛简青烈士故居、任弼时故居、李六如故居

常德市

翦伯赞故居、丁玲纪念馆、帅孟奇故居

张家界市

唐牺支故居、孙开华故居、贺龙故居、廖汉生故居
谷志标故居、田奇镌故居、杜心五故居

益阳市

陶澍故里、胡林翼故居遗址、胡林翼宫保第遗址、曾三故居、周维寅别墅
叶紫故居、周立波故居、周扬故居、周谷城故居遗址

娄底市

乐恺堂、朱家大院、体仁堂、万宜堂、柏荫堂
世业堂、曾国藩故居、白玉堂、敦德堂、奖善堂
华祝堂、修善堂、黄金堂、有恒堂、罗泽南故居

湘军名将故居群、秋瑾故居、唐群英故居、葛健豪故居
蔡和森蔡畅故居、李聚奎故居、贺国中故居
罗驭雄故居、罗盛教故居、谢冰莹故居

郴州市

汝城县田庄乡毛泽东朱德陈毅唐天际旧居
土桥镇黄家村毛泽东旧居、邓中夏故居、侯材骥故居
邓华故居、黄克诚故居、陈士杰故居、曹里怀故居
萧克故居、唐天际故居、邓力群故居、程子楷故居
欧阳海旧居、朱子奇故居、张琼故居、肖新槐故居
李国柱故居、欧阳毅故居、欧阳厚均故居、陈奇故居
曾中生曾希圣故居、李必蕃故居、宋裕和故居
何昆故居、黄静源故居、李涛故居、邓三雄故居
欧阳毅故居、邓飞黄故居、张际春故居

永州市

周敦颐故里、周崇傅故居、何绍基故里、李启汉故居
周凤山周岐山故居、唐克故居、曾令钧曾令铨故居、黄亨明故居
蒋先云故居、郑作民故居、陶铸故居、李达故居、江华故居

怀化市

杨任故居、向警予故居、滕代远纪念馆、粟裕故居

湘西土家族苗族自治州

陈氏古宅、崇德堂、杨岳斌故居、罗荣光故居
田兴恕故居、陈宝箴世家馆、陈斗南宅院
熊希龄故居、李烛尘故居、沈从文故居

先民们在湖湘大地上留下的大量文物古迹凝结着他们的劳动、智慧和精神，承载着湖湘文化的渊源与历史。仅张家界一个市，就有不少古遗迹、古墓葬和古建筑。

张家界市古遗迹、古墓葬和古建筑

古遗址：八圣官遗址、大岩屋桑植容美两土司议和遗址、邓土司署衙旧址、老司城遗址、上峒长官司治遗址、中峒长官司治遗址、下峒长官司治遗址、溇中县治遗址、充县及临澧县城遗址、慈姑县治遗址、白公城遗址、朱家台商周遗址、樟树塔遗址、象鼻嘴遗址、璞榔岗遗址、屋场田遗址、金台村遗址、腰子寨遗址

古墓葬：石板村零溪村墓群、殷家岗墓群、大庸古墓群、白竹峪悬棺群、南岔东汉墓、南岔西汉墓、零阳镇官地墓群、朱家台西汉墓葬、朱家台战国墓群、朱家台商代墓葬、周赧王墓、骑龙岗古墓群、刘明灯墓石雕群

古建筑：“二十八宿”古水渠、天罗山古城堡、天门书院、渔浦书院、萝洞书院、桑植文庙、云朝山金顶佛殿、五雷山古建筑群、朝天观、上天子庙、中天子庙、下天子庙、大悲庵、麻寮城、茅岗古市、九溪卫城及江垭古建筑群、龙凤庵、王氏祠堂、普光寺、兴国寺梅花殿、天门山求儿洞、石堰坪古建筑群、五雷仙山道教殿宇、苦竹寨、玉皇洞石窟、天门山寺、石堰坪、张家界老院子、袁家寨子、紫霞观、普光禅寺古建筑群

遍布湖南各地的众多近现代重要史迹及代表性建筑，默默地向人们述说着湖湘英豪为实现中华民族伟大复兴前仆后继、不懈奋斗的伟大历程。仅株洲一个市，就有许多近现代重要史迹及代表性建筑。

株洲市近现代重要史迹及代表性建筑（不完全统计）

国营三三一厂苏联专家别墅、建设一二村苏联式建筑群、国营三三一厂消防瞭望塔、粤汉铁路株洲总机厂筹备处旧址、民国政府第十一兵工厂凤凰山防御工事旧址、粤汉铁路株洲总机厂联合厂房、攸县南岸列宁室旧址、醴陵南四区苏维埃革命活动旧址、中共酃县县委机关旧址、廖家祠红军医院、万家大屋红七军和湘东南独立师会师旧址、张家祠红四军军委扩大会议旧址、大院匡神宫炎陵县第一届工农兵政府旧址、龙溪南岸段家垅中共炎陵县第一届县委机关旧址、沔渡圩南昌起义部队湘南农军和工农革命军第二团会合旧址、中村圩头军民诉苦大会旧址、接龙桥战斗旧址、陈觉墓、

中共八叠支部旧址、兰谊学校建筑群、遵道学校旧址、攸县苏维埃东冲兵工厂旧址、陈明仁醴陵故居、江家试馆红军标语楼、东富寺毛泽东考察湖南农民运动旧址、罗学瓒烈士墓、钟海闾纪念馆、日军侵华大屠杀死难同胞纪念碑、荷塘抗日阵亡将士墓、左权将军纪念碑、何孟雄故居、八担丘毛泽东给部队上政治课旧址、桥头江家毛泽东水口旧居、渌口伏波庙毛泽东考察湖南农民运动旧址、朱家祠工农革命军第1军第1师第1团驻酃县水口团部旧址、周家祠工农革命军第1军第1师师部旧址、中共攸县地方执行委员会旧址暨谭震林生平业绩陈列馆、炎陵烈士陵园、杨得志故居、醴陵烈士陵园、十都瓜寮“婆婆仙”、叶家祠毛泽东主持首次“支部建在连上”旧址、十都万寿宫毛泽东朱德第一次会面旧址、红军标语博物馆、苏维埃东冲兵工厂、酃县革命烈士纪念碑、茶陵县烈士陵园、茶陵县立列宁高级小学校旧址、毛主席在茶陵的住室、茶陵县工农兵政府旧址、红军村和红军墙、攸县洪秀全纪念馆、千人堆、罗哲烈士墓、李立三同志故居、官庄水库、十九人堆、先农坛毛泽东考察湖南农民运动旧址

第二节　远古先秦——源头活水

一、炎黄文化尤其炎帝神农氏族文化是湖湘文化的古老源头

炎帝时代和黄帝时代以前，湖南拥有数十万年旧石器文化的历史。旧石器晚期的长江中游，已经成为两岸文化同源的纽带。越过湖北江陵一带，便是湖南洞庭区土质松软的澧阳平原，具有发展规模稻作文化的自然条件。从旧石器晚期开始，先民们陆续进入这个平原。

我国考古学界认定，距今一万至五千年前，是我国新石器时代的早、中期，即传说中的炎帝神农时代；距今五六千年前是新石器时代晚期向青铜时代过渡的时期，即传说中的黄帝时代。炎、黄二帝既是氏族首领，又是氏族和部落的称号，分别代表着两个时代，即炎帝时代和黄帝时代。

据现有的考古资料统计，湖南境内新石器时代的文化遗址已发现有九百多处，分布的范围包括今澧水中下游和洞庭湖区的澧县、安乡、华容和临澧；沅水中上游和湘西区的常德、桃源、辰溪、靖州和麻阳；湘水、资水中下游和湘中区的长沙、株洲、汨罗、平江、益阳以及湘东区的浏阳、湘南区的郴州、永兴、安仁和桂东等地。经测定，这些文化遗址证明，湖南在新石器时代至少已经历了距今 8250 至 9100 年的“彭头山文化”、距今 6900 至 7200 年的“皂市下层文化”、距今 6500 年的“大溪文化”、距今 5000 年的“屈家岭文化”和距今 4400 年的“长江中游龙山文化”五个发展阶段。其发展状况表明，湖南在新石器时代的中晚期已开始摆脱原始的采集和渔猎经济，进入到古代的农业文明①。

传说中的炎帝时代对湖湘文化有着最为古老和深远的影响。炎帝，是中国上古时期姜姓部落的首领尊称，号神农氏，又号魁隗氏、连山氏、列山氏，别号朱襄氏。传

① 周秋光. 古代湖湘文化的形成与历史演变. 湖南省社会主义学院学报［J］. 2009，01.

说姜姓部落的首领由于懂得用火而得到王位，所以称为炎帝。据《三皇本纪》记载，从神农起姜姓部落共有九代炎帝，神农生帝魁，魁生帝承，承生帝明，明生帝直，直生帝氂，氂生帝哀，哀生帝克，克生帝榆罔，传位五百三十年。

八九千年前的澧县彭头山就有文字发明前的表意符号、表意绘画和图腾。距今8000年左右的澧县八十垱遗址，发现稻谷和大米两万多粒，是全世界史前稻作谷物发现最多的地方，还有木耒、木铲和骨铲等农具以及木杵等加工工具，暗合了《周易·系辞》“神农氏作，斫木为耜，揉木为耒，耒耨之利，以教天下”的传说记载，与战国中期《尸子》说“神农氏七十世有天下”以及《三皇本纪》载炎帝称帝“五百三十年”的时间之和也大体相当。

在湖南南部，江永一带是原始野生稻产地。毗邻江永的道县玉蟾洞遗址发现超过一万年的陶器和三粒完整的稻谷，其中稍早的为野生稻，略晚的为栽培稻，还保留有野生稻、籼稻和粳稻的综合特征，是迄今世界上发现最早的栽培稻标本。这说明，道县先民在自然界不能满足人们食用需要的野生稻面前，通过栽培，改造了野生稻，率先为人类燃起了开拓稻作文化的希望。

神农氏族从陕甘迁入澧阳后，将稻作文化发展到了规模农业阶段并形成了定居农业的基本经济形态。这期间，制陶工艺亦相当娴熟，以多种形式的釜、白陶和彩陶最具特色，其辐射光芒波及沅、湘和鄂西等周邻。六千五百年前的澧县城头山古城和稻田，证实了神农氏“日中为市”的传说记载。澧县八十垱遗址发现一些台基式建筑，其中一座房基的中间主体部分高出地面约40厘米，四角向外伸出呈犄角状，平面呈海星状。这种礼仪中心遗址提示人们，澧县八十垱原是神农时代的中心所在。第一代炎帝神农很可能是从这里出发，南巡为民治病，因误尝断肠草而“崩葬于长沙茶乡之尾”。神农氏族因缔造农耕文明而被拥戴为中心氏族，其子孙也就受延揽而衍于四方。最后一代炎帝榆罔部落因败于阪泉之战，叶落归根于其先祖的寝陵附近。既然神农中心氏族的心脏地区在湖南，湖湘文化浸透了神农氏族文化的精神，也就不难理解了。

炎帝对中华民族的生存繁衍和发展做出了重要贡献。

一是“制耒耜，种五谷”。神农教人们制作耒耜、种植五谷，奠定了农工基础，解决了“民以食为天”的大事，为原始游牧生活向农耕文明的转化创造了条件，被奉为中华“农耕之祖”。

二是“立市廛，首辟市场”。据《周易·系辞下》载，神农“日中为市，致天下之民，聚天下之货，交易而退，各得其所”。神农发明的“日中为市”，是中国货币和商业发展的起源和基石。

三是“治麻为布，民着衣裳”。原始人本无衣裳，仅以树叶和兽皮遮身，神农“教之麻桑，以为布帛”后，人们才有了衣裳，由野蛮向文明迈出重大一步。

四是“作五弦琴，以乐百姓”。据《世本·下篇》载，神农削桐为琴，结丝为弦，这种琴后来叫神农琴。《广雅·释乐》载，“神农氏琴长三尺六寸六分，上有五弦，曰宫商角徵羽”。这种琴发出的声音，能道天地之德，能表神农之和，能使人们娱乐。

五是“弦木为弧，剡木为矢”。神农发明弓箭，对抵御野兽袭击和抗击外敌入侵起到了重大作用，有效地保卫了人们的生命安全和劳动成果。

六是制作陶器，改善生活。在陶器发明前，人们加工处理食物，只能用火烧烤。有了陶器，人们对食物可以进行蒸煮加工，还可以贮存物品、酿酒和消毒。陶器的使用，改善了人类的生活条件，对人类的饮食卫生和医药发展产生了深远的影响。

七是“尝味草木，宜药疗疾”。《淮南子·修务训》载：“古者民茹草饮水，采树木之实，食蠃蚌之肉，时多疾病毒伤之害，于是神农乃始教民播种五谷，相土地宜燥湿、肥硗、高下，尝百草之滋味，水泉之甘苦，令民知所避就。当此之时，一日而遇七十毒。”《路史》说炎帝“尝草木而正名之。审其平毒，旌其燥寒，察其侵恶，辨其臣使，厘而三之，以养其性命而治病。一日之间而七十毒，极含气也”。相传神农在南巡中为民治病采药，日遇七十毒而不辍，终因误尝断肠草而“崩葬于长沙茶乡之尾（今湖南省株洲市炎陵县的鹿原陂）”，被尊为中华“医药之祖”。神农尝百草时发现茶叶可以解毒，陆羽《茶经》载：“茶之为饮，发乎神农氏。”因此，神农又被奉为中华“茶祖”。

八是教民技艺，开启民智。炎帝还是中国教育的始祖。他教民播种、耕作、猎兽、健身；教民制陶、制弓、制箭、制琴；教民医药、音乐、舞蹈、绘画；还教民智德，使民众德、智、体、美、劳得到了全面发展。

九是制定历法，以利农耕。炎帝神农立历日，立星辰，分昼夜，定日月，规定月为三十日，十一月为冬至，帮助人们有规律地按时栽培农作物，促进了农业生产的发展。

十是为政以德，善治天下。据《纲鉴》等记载：“炎帝以火德代伏羲治天下，其俗朴，重端悫，不忿争而财足，无制令而民从，威厉而不杀，法省而不烦，于是南至交趾，北至幽都，东至肠谷，西至三危，莫不从其化。”《越绝书》说：“昔者神农之治天下，务利之已矣，不望其报；不贪天下之财，而天下共富之；不以其智能自贵于人，而天下共尊之。”

炎帝精神，首要的是创业精神，奉献精神，敢为人先的创造精神，百折不挠、自强不息的进取精神。在今天看来，炎帝精神也恰恰是湖湘文化的内在精神。炎帝精神使中华后裔在与自然和社会的斗争中，摆脱愚昧和野蛮，追求先进与文明。这种精神使中华民族获得了高度的团结和统一。不可否认，关于炎帝的传说难以考证。或许炎帝就是一个神化了的人物，就是远古人类改造自然的集体智慧的化身。

尽管炎帝与远古湖湘文明的渊源难以考证，但在近代中国文化史上，湖南却一直是最可信的神农故地，具有最浓厚的炎帝文化氛围。传说炎帝神农长眠于湖南省炎陵县鹿原陂。早在公元 976 年，宋太祖就“立庙陵前”；1371 年，明洪武帝又“考君陵墓在此”，到清乾隆年间，祭道旁存有“邑有圣陵”的石刻；1993 年，时任国家主席江泽民又亲笔题写了“炎帝陵”。自宋代在此建陵设庙以来，崇尚自然的炎黄子孙，历代都禁止在这里采樵、放牧，并设专人看守。这里呈现出“古木荫翳，烟云出没，盛夏生寒”的景象，彰显着“炎黄子孙，不忘始祖”的中华民族传统美德。

随着时间的推移，黄帝氏族从黄河流域兴起，与炎帝氏族逐渐融合发展，形成炎黄联盟，成为古代中国最强盛的部落群。炎帝是这个联盟的奠基者，尔后黄帝取而代之，统一中原，拓展四方，炎黄集团从此进入国家产生前夜的酋邦时代。黄帝成为首任酋长，继续高举炎黄联盟大旗，将炎帝开创的原始文明推向新的历史阶段，从而奠定了一个世界上民族和人口最多、垂数千年稳定统一的文明古国的巩固基础。华人自称炎黄子孙，将炎帝与黄帝共同尊奉为中华民族人文始祖，成为中华民族团结奋斗的精神动力。

《周易 · 系辞》将炎黄文化的基本精神高度概括为“自强不息”“厚德载物”，以喻兼有天和地的品格。这个概括不仅体现为先贤的哲学理念，更主要的是体现了炎黄文化传统中持续作用着的基本精神，这就是勇于征服洪荒的艰苦创业精神、勤于科技发明的开拓创新精神、乐于为民造福的牺牲奉献精神和包容互补的民族大团结精神。在率先发明栽培稻的湖南先民文化传统中，还蕴含着一种惯于发扬主观能动性、敢为天下先的性格特征。这些性格和精神，一脉传承至今，成为湖湘文化的价值取向和思维方式的基础，形成了国家民族利益高于个人利益的集体主义价值观、突出的爱国主义传统指向以及个人对国家盛衰、民族兴亡的强烈责任感和使命感。这种价值取向也创造了湖湘文化的思维方式，即博采内外众家、广为交融、优化思维主体的开放方式。

此外，舜帝传说对湖湘文化也有一定的影响。据史料记载，舜帝传说很可能源自湖湘一带。史记记载，舜帝“崩于苍梧之野，葬于江南九嶷”。《山海经》记载了“湘水出舜葬东南陬”。屈原流放楚国，留下千古绝唱。《离骚》《九歌》《湘夫人》很可能源自湖湘地域的民间传说，尤其是《湘夫人》，可以肯定是源自当时“二妃寻夫”的传说。从公元前210年秦始皇到洞庭湖望祭，到718年唐玄宗派张九龄遣祭，再到2004年世界舜裔宗亲联谊会在九嶷山拜祭，以及2006年公祭舜帝大典在宁远县九嶷山举行，悠久的祭舜历史和繁多的舜陵祭文似乎已将“根在九嶷”的传说化作了无可争辩的史实。

二、楚文化是湖湘文化的重要源头

楚文化对湖湘文化有着重要的影响，是湖湘文化的重要源头。

先秦楚文化是西周至春秋战国时期楚国物质文化和精神文化的总称。现今湖北省大部、河南西南部为早期楚文化的中心地区；安徽北部、江苏北部、河南东南部是晚期楚文化的中心；湖南、江西是春秋中期以后楚文化的中心地区；贵州、云南、广东等地的部分地区也受到了楚文化的影响。从文化性质来看，先秦楚文化更多地保留了中原姬周文明的特色，同时也吸收了少量蛮夷文化的特点，时间愈晚，自身的风格呈现则相对较多，整个楚文化沿着始则模仿、继则变异、终则别创的发展路径前进。

先秦楚文化发展的历史过程历经孕育兴起期、成熟定型期、繁荣鼎盛期和滞缓衰退期四个阶段。

孕育兴起期。楚人与中原华夏氏族有着密切的渊源关系。楚人的祖先来自黄河流域的中原地区（河南新郑），为华夏族南迁的一支。华夏族南迁给楚地带来了华夏文明的先进因素，并以中原商周文明，特别是姬周文明为基础，缓慢向前发展楚文化。楚俗尊凤尚赤，崇火拜日，喜巫近鬼。楚人认为自己是日神远裔、火神嫡嗣，日、火皆为赤色，故而尚赤。楚地广阔，楚人的族源非常复杂，但楚王族是祝融（中国神话中的火神）后裔于史有载，尚赤之俗源远流长。楚自鬻熊至熊绎受封的阶段，社会形态比较原始。“辟在荆山，筚路蓝缕”，锻造了坚韧不拔、开拓创新、励精图治、艰苦创业的楚人精神。周成王时代，熊绎受封为楚君，熊绎受封是楚立国之始。从统属而言，楚于西周初年为周成王所封，自然而然接受的是姬周文明的统治。而且实物资料也表明，西周时期，楚文化的个性特征尚不明确，它还保留着相当多的中原文明特点。到熊渠时，随着楚人第一次扩张军事行动的开始，楚人有了进一步与外围蛮夷文化接触的机会。华夏文明与蛮夷文化的交融使楚人在继承华夏文明的同时，也按已逐步形成的自我意识对其进行改造。楚文化就在这种既坚持主源又兼收并蓄的过程中初步兴起，这一过程可持续到春秋初年。楚人也正是在一种特殊的多民族环境和共存意识中奠定了楚文化多元的特征和鲜明的个性。

成熟定型期。楚武王熊通即位后开始谋求向外发展，“辟在荆山”这一狭小的区域远不能满足楚人的发展要求。楚文王迁都于郢（今荆州纪南城），自此至楚昭王十年（公元前506年）吴师攻陷郢都止，是为先秦楚文化的成熟定型期。这一时期的楚国在巩固后方的基础上逐步吞并了江汉地区、南阳盆地及淮河上中游地区的数十个文化元素各有特点的国家，其地入楚境，民为楚人。在这一系列并国扩境的过程中，楚国通过“灭其国，绝其祀，县其地而抚其民”的政策，将其逐步纳入楚民族的共同体，进而利用并改造当地的先进文化，使之融入不断发展的楚文化体系，为楚文化的迅速发展提供了大量新的元素。实物资料表明，独具特色的楚文化是在西周以来已有的姬周文明的基础上，历经这一时期特殊的时代背景和历史机遇的洗礼，通过融合、吸收被吞并的众多周王室同姓、异姓封国及其他诸侯国的先进文化元素加以综合、提炼并经过创造而成。正是在此时，楚文化以非凡的气势率先突破了中原姬周文明的樊篱，取得了质的飞跃，从而完成了自己由幼年期到成熟期的重大转折，进而使先秦楚文化在各方面的发展几乎成为当时的亚洲第一。

繁荣鼎盛期。楚昭王十一年（公元前505年），楚借秦力击败吴人，后昭王迁都于鄀（今湖北宜城），后又返郢，直至楚顷襄王二十一年（公元前278年）白起拔郢止，是为先秦楚文化的繁荣鼎盛期。这一时期，楚国历史虽然有起有伏，但楚国的发展未受到大的打击，而是连续不断直至达到最繁盛、最光辉的顶点。其政治体制方面有断断续续的改革，旧的县由大化小，并已在全境范围内普遍设立。边境设郡，官职爵秩已经相当完善，经济快速发展，生产力大大提高，发达的经济基础为楚文化的繁盛创造了有利条件。楚文化一如冲出峡谷的江河，以奔腾万里之势不断在原有基础上取得飞速发展，表现出更富民族特色的文化内涵，以致盛极一时。春秋战国之际，楚国以江汉平原为中心，社会生产蓬勃发展，政治局势迅速改观。到战国早中期，楚国在北面与中原诸国争雄，时有进退；西北、西南分别防御秦与巴蜀而主要是来自秦的威胁，以秦岭、巫山山脉相阻隔，并分别设立了汉中、黔中、巫郡等；东面是楚国发展相对比较顺利的方向，其军队多次出入齐鲁国境，并直至海滨，但战争频繁，建设难以连续持久；南面主要是“蛮夷”之邦，楚人沿洞庭湖两侧南进，直到五岭，这一区域基本没有大的战争，政局稳定，楚文化也得以持续发展。鼎盛期的先秦楚文化遗存就主要在江汉平原及楚国南部的今湖南境内发现，并向楚全境辐射。

滞缓衰退期。楚顷襄王二十一年（公元前 278 年）因白起拔郢而迁都陈城，习称陈郢；楚考烈王二十二年（公元前 241 年）又迁都寿春城，习称寿郢；直至楚王负刍五年（公元前 223 年）为秦所灭，是为先秦楚文化的滞缓衰退期。这一时期楚国基本处于动荡之中，尽管有相对的稳定，也是十分短暂的。楚国政治腐败，思想保守，经济上又因国土的沦丧受到了惨重的打击，先秦楚文化也丢掉了赖以发展和昌盛的坚实基础。楚国历史已成颓势，先秦楚文化也随之凋敝，偶有出色成就，也是昙花一现。

先秦楚文化无论是在成熟期，还是在鼎盛期、衰退期，它在接受、包容其他文明为己所用的同时，也对其他文明产生影响，通过在其周边区域的文化遗存中都可以找到楚文化的影子可兹证明。正是由于各区域文明的相互影响和相互作用，中国古文明才在多元、复杂文化因素的融合中发扬光大，并连续发展许多年。

楚人富于创新的精神，在农业、制陶业、冶铜业、冶铁业、建筑业、天文、历法、文学、艺术、文字和哲学等先秦楚文化的诸多方面都有生动的体现。

比如，在先秦楚文化成熟期，楚人在广泛吸收和综合利用南北农业文化精华的基础上，创造了筑陂灌田的水利工程，为中国农业发展做出了重大贡献。其中，孙叔敖主持兴建的期思陂就是我国第一个社会性的农田水利工程。楚人此时能博采众家之长，将扬越的冶炼技术和中原的铸造技术结合起来，生产出大量优质的青铜器。在铸造工艺上全面掌握并推广了分铸焊合技术，并且独创了失蜡法和漏铅法铸造工艺，从而使自己的铸造工艺超过中原，表现出了一流水平。此时青铜器在器物形制和装饰上也不再是模仿，而是根据自己的传统，按照自己的审美情趣，表现出自己的风格，与中原同类器物相比已有不少变化。开始出现独特的器物，装饰纹样在表现形式、组合关系和装饰手法等方面有不少中原罕见的特点，其装饰中浮雕、圆雕、透雕等技法运用广泛而娴熟。同时，铜礼器的镶嵌技术已开始运用，这些特点将中原铜礼器远远地抛在了身后。陶器制作同样显示出了创造性，典型楚式陶器如楚式鬲、长颈壶等已经成熟。楚文字的特征主要体现在青铜器铭文中，单字数量明显增多，字体趋向修长，仰首伸脚，笔画富于变化，多波折弯曲，作美术字体状，并且出现了鸟虫书的雏形，逐步形成了不同于中原及其他诸侯国的作风和流派。

再如，在先秦楚文化鼎盛期，楚国的城市规模较大，布局规划合理，防御设施完备，宫殿建筑豪华，台基雄伟，建材多样，装饰精美，特别是楚郢都纪南城一门三道的水门建筑更是楚人的创举。青铜器的数量多，种类繁，器物形制除了为楚所独有的器物种类外，即使是中原地区同一器种的器物，其形制也有自身特点，整个器物群将纤丽清秀的楚风体现得淋漓尽致。就纹饰而言，即使是与中原同样有的纹样，楚人也是加以改造，使之表现出不同的结构和样式。出现了一些前所未有的精美单件日用青铜器，特别是一些器物附饰制作之精、纹样之巧世所罕见。凤纹的流行是楚装饰艺术的一个显著特点，透雕技法纯熟。块炼渗碳钢制造工艺与生铁柔化技术的出现，标志着楚国冶铁达到了一个新的高度。制陶业也是十分发达，装饰纹样已开始流行彩绘各种图案，并将漆木器的发展成就运用到了陶器上。作为这一时期重要标志之一的漆器不仅品种和数量繁多，而且被广泛应用到了社会生活的各个方面。主要有生活用具、家具、乐器、文书工具、兵器、车马器、手工业品和丧葬用具等。当时漆器以厚木胎为主，薄木胎较少，还有极少数的夹纻胎和竹胎。制作方法因质料和器形不同而异，如木胎是以斫制、挖制和雕刻三种制法为主，竹胎以斫制与锯制方法为主。其造型各异，题材丰富，既有现实社会中的禽兽，传真写实，形肖神似；又有以传说中的龙凤与现实生活中的动物相结合的“神兽”“神鸟”，有的雄伟奇特，有的小巧玲珑，十分精致美观。髹漆工艺十分发达，不仅漆色艳丽丰富，而且纹样内容和形式极为繁复。主要花纹有龙、凤、兽、鸟、三角云纹和舞乐纹等，线条勾勒交错，图案优美，富于变化，色彩搭配和谐悦目。此外，楚漆器中还广泛使用了描金、描银的方法，并发现有金箔贴花的装饰手法。楚竹器手工业也相当发达，编织技术水平相当高。竹编织物不仅品种达几十种之多，出土数量达千余件，用途同样广泛。竹器制作技术有锯制、斫制、编织等方法，其中编织图案多样，美观犹如织锦。楚国的丝织刺绣工艺也是楚文化鼎盛期的重要标志之一。此时，纺织生产得到进一步发展。缫丝、纺纱、染整等一整套工艺技术以及手工纺织机械已经形成，生产规模不断扩大，分工日趋细密。楚丝织品品种齐全，达数十种之多，织造精良，织物的组织结构完备而复杂，色彩鲜艳，谱系完整，练染工艺纯熟，精炼程度高。其纹饰繁缛，题材丰富，有几何纹、珍禽异兽纹和人物行为纹等类，构图紧凑，线条规整，层次分明，有立体感。同时，纹饰组合灵活多变，富丽多姿。刺绣一般选用织造精良、质地轻薄、平面整洁的绢为绣地，用双股绣线采用灵活多变的方式锁绣出不同的花纹图案，花纹典雅而富丽，题材与丝织品基本相近，但偏重于珍禽异兽、奇花佳草和自然物象。其中，以楚人崇尚的龙凤形象最丰富。楚丝织刺绣品的纹饰显示出了楚人丰富的想象力和精湛的艺术性。文书工具品种与数量增多，发现了一批竹简，内容丰富，竹简的文字别具风格，字体清秀。另外，还有不少铜器铭文以及漆器上的漆书与阴刻文字及少量的帛书，都反映出楚文字的发展成就。特别是极富装饰意义的鸟书文字的出现使楚文字的艺术色彩更浓。楚国的音乐、绘画艺术成就在出土的许多铜、陶、漆器和丝织品上都保存了宝贵的实物资料，它们多角度地反映出此时楚音乐、绘画都达到了相当高的水平。楚文化发展到这一时期，还在天文学、文学、历法和哲学等方面达到了前所未有的高度，从而全方位地折射出先秦楚文化繁荣鼎盛期非凡的发展成就。

楚文化辉煌灿烂的成就举世瞩目，作为楚文化重要组成部分的楚艺术品更是独步海内外，其设计形式和风格充分体现了楚人的想象力和审美意识。周代楚国重要遗址鲁台山古墓葬群出土的“长子狗”铜鼎和“公大史”铜方鼎等铜器造型严谨，花纹繁缛，创新了铜器制作工艺①。这一考古发现，与随后的荆门包山二号墓漆奁彩绘等，给考古学以至艺术史学界带来空前的惊喜。史学家称，这一批文物的出土，使得中国美术史的源头上溯至三代。破除了中国文化的“西来说”，及中国美术源头“起于汉代”的谬误，为中国美术本原做了根本性补充。楚文化美术中有一系列神秘古怪的意象组合，鹿角立鹤、虎座凤鸟、漆绘上的人神杂糅、织绣上的龙蟠凤逸、青铜器上斑驳陆离的色彩等，这是楚人文化精神上无碍于物，“独与天地精神往来”的生动体现。而花朵流动与生长的造型，正给人自由、生动的想象。

① 聚焦九连墩战国楚墓群，新华网［2017-01-15］.

楚文化：湖湘文化的源头

周秋光①

湖南在新石器时代的全部文化积淀到了青铜器时代，便都融入逐渐形成的楚文化之中。楚文化即春秋战国时期楚国的文化。楚在当时被周人称作荆楚、荆蛮，因其立国在荆山一带，开发较晚。楚的地域辖现今的两湖，都城在丹阳。楚国争霸时的地域，曾西到陕西，东到安徽，北到河南。楚文化存储孕育于夏、商时期，其时也是中原文明泽被两湖的时期。考古材料显示，湖南受中原文化影响到商代才渐趋明朗，主要表现是在青铜铸造方面。商人的青铜铸造术在商代中期已传至湖南北部，商代晚期传至湖南中部和整个湖南。

楚文化大约形成于春秋战国中期，它融合了周边地区的异族文化，特别是吸收了中原文化的精华，加上楚人博采众长、因时变革的创造，从而形成了具有楚地诸民族特色的新文化。这种文化一经形成，便立即向四周辐射。向南辐射到两广，向东辐射到江西和安徽，向西辐射到四川，向北辐射到河南等地。

楚文化无疑成为后来湖湘文化的源头。据古文献记载，湖南原为越人和“蛮”“濮”等民族的居住地。春秋战国时，随着楚国的征湘，楚人、巴人等楚国境内的民族便相继进入湖南并逐渐成为湖南境内的主体民族。湖南原土著民族的生产力水平相对低下，楚人入湘后，一方面征服和统治着湖南的土著民族，一方面也推广了较为先进的生产工具和生产技术，使得湖南地区的农业、林业、牧副业、手工制造业和商业等都有了一定的进步和发展。从湖南各地挖掘的楚墓看，铁制农具包括锄、锸、铲、斧、锛、刀、削等已普遍使用；粮食生产除种粟之外，还广泛种植稻米、麦子、豆类等；用来祭祀有牛、羊、鸡、凫等家禽，有鹄、鸿等猎物，有鳖、龟等水产，还有甘蔗、蜂蜜、椒、姜等农副产品和经济作物。并且湖南地区已成为楚国重要的铜矿采炼和铜器铸造基地。手工制造品有各种各样的铜镜、漆木器、竹器、琉璃器以及丝织品。商业流通领域出现了货币蚁鼻钱，即铜贝，还有黄金货币，表明当时的商品经济已有相当的发展，商业的发展也促使了湖南各地城市的兴起。如澧水流域的鸡叫城，沅水流域的黄楚城，湘水流域的长沙城等。其中以长沙城最有代表性。到目前为止，

① 周秋光. 古代湖湘文化的形成与历史演变［J］. 湖南省社会主义学院学报，2009，01.

仅长沙地区所发掘的春秋战国楚墓即达3000座，发掘材料表明，战国时期的长沙已是楚人聚居、人口稠密、手工业和商业都相当发达的城市①。

楚人不仅与湖南的土著民族共同创造了辉煌灿烂的物质文化，也创造了新兴的封建制度文化与充满着神奇色彩的精神文化。楚国在春秋时代已是较早实行封建郡县制的国家。征服湖南的土著民族后，即在湖南设县任尹，封君封邑。无论郡县或者封邑，都必须向楚王室缴纳贡赋。对原居住湖南各地或新迁入的楚人或巴人，都一律按土地征收实物地租与田赋。

文字是文明的要素和标志之一。春秋以前，湖南的土著居民还不曾掌握和使用文字。楚人入湘后，湖南土著居民便普遍学习由楚国输入的文字。与此同时，楚人给湖南带来了中原的文献典籍，并传播了当时北方较为先进的礼仪习尚及其文化思想。刻在青铜器上和书写在简牍与帛书上的文献典籍在湖南广为流传。其礼仪习尚主要是江北的生活习惯与民俗风情。其文化思想突出地表现为中原五行、阴阳术数学说与老庄的消极避世观念。

春秋战国时，湖南的土著居民大都信奉原始宗教，崇拜各种社会神与自然神。楚人入湘后给湖南带来了楚人的宗教信仰与神话传说。湖南土著与楚人带入的宗教、神话相互影响融合，便构成了春秋战国时独具湖南特色的宗教与神话。反映这些宗教与神话的文献有屈原《楚辞》中的《九歌》《楚辞》《九章》《天问》和1942年长沙子弹库楚墓中出土的帛书，以及各种墓葬习俗的考古资料。

此外，由楚人与湖南土著居民共同创造的文学艺术，包括诗歌、散文、音乐、绘画、雕塑、工艺美术等，在春秋战国时都已经达到相当的程度与水准。

楚文化对湖湘文化的影响，特别是楚人精神对湖南人精神的影响，是非常深远的。凤是楚人的图腾，是楚人精神的化身。在中国传统观念中，龙和凤代表着吉祥如意。“龙凤呈祥”是中国人非常喜欢的传统吉祥图案。画面上，龙、凤各居一半。龙是升龙，张口旋身，回首望凤；凤是翔凤，展翅翘尾，举目眺龙。周围瑞云朵朵，一派祥和之气。作为源远流长、蕴含丰富的文化现象，龙和凤都是中华民族的图章、徽记、标志和象征。陕西宝鸡北首岭仰韶文化遗址出土的龙凤纹彩陶细颈瓶，说明在距今七八千年的新石器时期，龙和凤都已经成为我们这个古老民族的文化图腾。

---

① 伍新福. 湖南通史（古代卷）[M]. 长沙：湖南出版社，1994.

远古先民信奉的这神奇图腾，
隐藏着中华民族一次次伟大复兴的秘密

中国人都喜欢称自己是“龙的传人”，以龙为自己的文化图腾，其实龙图腾只是黄河流域中原炎黄部落的图腾，而殷商的远祖东夷、楚越所属的南蛮，乃至秦赵嬴姓的远祖，统统都是鸟图腾的。（详见《诗经·商颂》：“天命玄鸟，降而生商”；《史记·殷本纪》：“殷契，母曰简狄，有娀氏之女，为帝喾次妃。三人行浴，见玄鸟堕其卵，简狄取吞之，因孕生契”；《史记·秦本纪》：“秦之先，帝颛顼之苗裔，孙曰女修。女修织，玄鸟陨卵，女修吞之，生子大业”。）

事实上，在五千年前，除了中原这小片地方，广阔的秦楚齐之地，住的可都是东夷南蛮部落，我们说自己是炎黄子孙，只不过因为炎黄部落是中华大地各部落的盟主罢了。

到了春秋战国，在南方楚地，鸟图腾发展到了一个新的高度，当时楚人都信仰号称不死鸟的凤凰！楚国出土文物中堪称漆木器珍奇的“虎座凤鸟鼓”，是楚文物中的精品代表作，基本上每个楚墓里都有，全器以双虎为底座，上立一对凤鸟，其凤鸟犹如冲天欲飞的雄鹰，雍容华贵，伟岸英武。虎则身躯矮小，其神态似承担不了凤鸟的重压。

还有这面湖北江陵望山楚墓出土漆座屏，屏面上以双凤争蛇造型为中心，左右雕刻着双鹿和朱雀衔蛇，屏框旁还有凤鸟啄蛇图案。可见楚人向来以凤鸟为尊，虎蛇都是下物。并且在楚国独有的龙凤纹样中，都是凤占据主导地位，而龙屈居次位。比如这件从马山一号楚墓出土的绣罗单衣上的龙凤虎纹绣，四只有花冠的凤鸟，双翅展开，各踏一小龙，昂首鸣叫，尽显其神异力量。所以，汉高祖刘邦起义，便有斩白蛇的传说，刘邦是楚人，斩白蛇就是斩杀秦皇这条恶龙之意。

漆座屏

龙凤虎纹绣

而楚国的一代雄主楚庄王，也曾把自己比作一只“三年不飞，飞将冲天；三年不鸣，鸣将惊人”的神鸟——凤凰，后来楚庄王果然饮马洛阳，问鼎天下。在荆州天星观二号楚墓中出土的这位“羽人”，也是造型独特的凤鸟。上部为羽人，下部是凤鸟，两翅展开似欲飞翔。那跃跃欲试的姿态，分明体现的是一种阳光的心态、开放的精神和向外看的眼睛。预示着这片土地上生长的后来人，也能如楚庄王这只凤凰一样志存宏图，扶摇直上，一飞冲天。

这就是楚人的伟大精神。他们虽起源于荆山山野之中，是正宗的蛮夷，但他们筚路蓝缕，积极进取，一路发展成为战国时国土面积最广阔的国家，这造就了他们不怕困难、自强不息、百折不挠的优秀品质，这样的民族即使暂时被打败，但永远不会服输。而他所失去的，也总有一天会加上利息，收回囊中。

所以，另有一位著名的楚怀王，在位期间虽屡次为秦所欺，甚至被骗到咸阳沦为阶下囚，被逼割地换取自由，但楚怀王风骨傲然，打死也不割地，后来逃跑未遂，最终受尽屈辱而客死在咸阳，楚人皆怜之，都传说楚怀王死后，并未就此消亡，而是“化而为鸟，名楚魂”，护佑楚国虽剩三户，亡秦必楚！后来楚国果然成为一只不死鸟，被秦灭掉仅十余年，便凤凰涅槃，化为陈胜吴广项羽刘邦等楚人，蜂拥而灭秦。

在马山一号楚墓中出土的众多刺绣作品中，还发现了从来没有见到过的“三头凤”纹样。有神话学家认为，“三头凤”应该是上古神话中的“离珠”，就是传说中不死鸟的原型，楚人认为所有生命所有文化都不会衰亡，只要拥有离珠的不死精神，其灵魂都将得到永生。

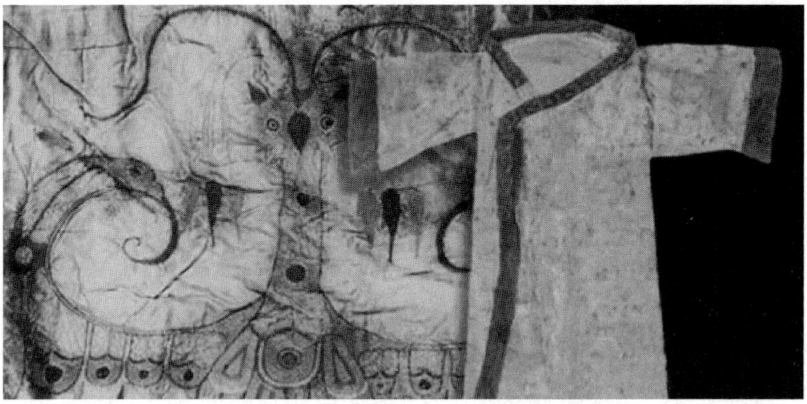

所以，楚国虽亡，仍能灭秦，并从此缔造了伟大的大汉王朝，汉族及汉人才绵延发展数千年。

楚人就是这么一个奇怪的民族，先秦时期，楚灭国最多，但那些被它吞灭的部族和国家，却能很快地融入楚国大家庭之中，就连楚最后灭国的陈、蔡、鲁、吴、越，也多有沾染楚风。也正因为如此，楚人刘邦建立的汉朝才能如此自信开放，兼收并蓄，逐渐发展成为伟大的中华民族，五十六个民族尽入其中。

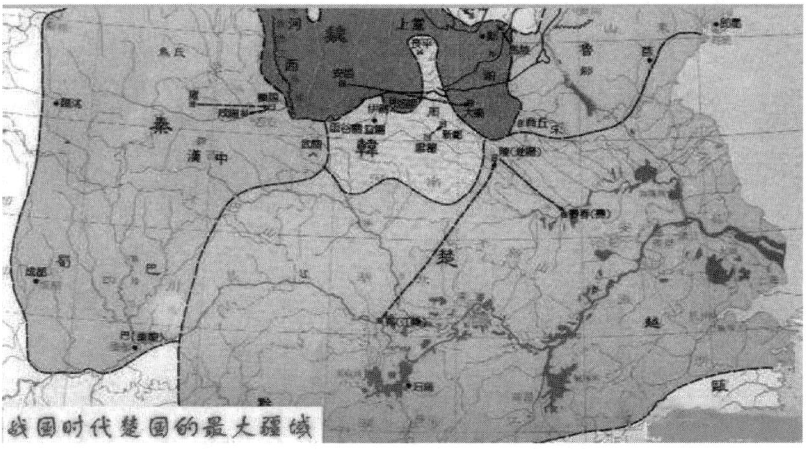

战国时代楚国的最大疆域

而也正因为如此，我中华每到外族入侵或民族危亡之际，都有南方楚人站出来挽狂澜于既倒，扶大厦于将倾。如秦末之项羽刘邦，五胡乱华之后的刘裕、谢安，靖康之耻后的南宋，蒙元奴役后的大明，又如两次新旧民主主义革命，莫不是从南方楚地发起，由南方楚人主导。我中华民族一次次跌倒，一次次爬起，一次次伟大复兴，重归世界舞台，靠的都是这种不死鸟的凤凰精神。

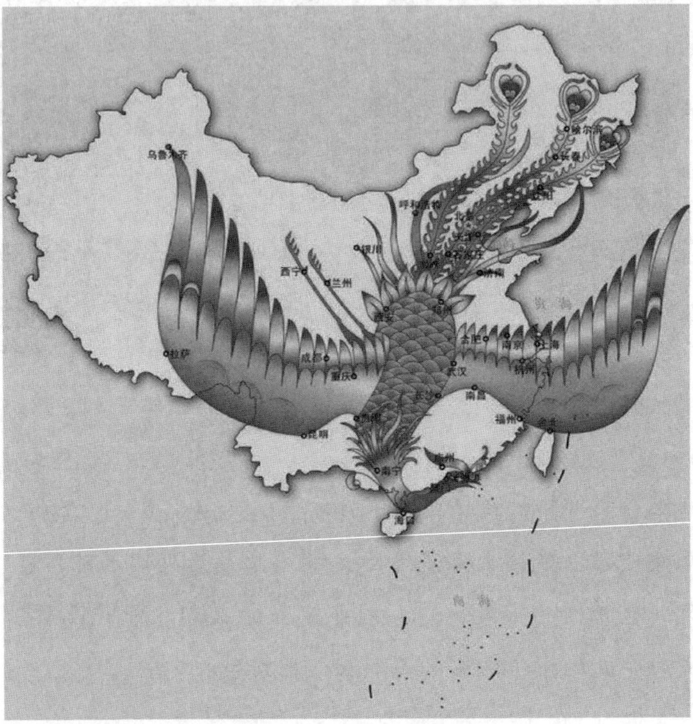

图：将中国34个省会城市相连，便形成了中华的“凤脉”

龙者，上可腾飞于九天之上，下能遨游于四海之间，然而一旦困于浅滩之上，未免不遭鱼虾之戏；只有不死的凤凰，即便落入地狱，也可浴火重生，而一次次向天下诸洋蛮夷宣示：

你们每一次打败我，只能让我更强大。

（百度百科：远古先民信奉的这神奇图腾，隐藏着中华民族一次次伟大复兴的秘密.）

罗敏中先生认为，湖湘文化的特质可以用一个“蛮”字来概括。“蛮”正是源于楚文化。

商周之际，长江以南为吴、楚两大诸侯国的封地。两国未立之时，这里都是蛮族居住的地方。太伯初至江南，得到千余家荆蛮的拥护，得以站稳脚跟，建立吴国。楚国立国的时间不如吴早，熊绎在周成王时始封于楚，比太伯作吴的时间晚了大约一百年。由于历史和现实的原因，两国在对待商周文化和蛮族文化的问题上表现出不同的态度。吴对黄河文化，特别是周文化采取一种认同的态度。在建立自己的文化体系的过程中，注重并自觉地向黄河文化学习。楚则完全是另一种情况。楚在兼并周围的小国家和要求周给予王的称号时，往往打出“我蛮夷也”的旗号，要挟对方。这种以蛮夷为标榜的事实，说明了楚人对蛮夷文化的认同。正是这种认同，楚人把自己推到了周人的对立面，使周人对他怀有戒心和敌对情绪。楚文化及楚人受到周文化和周人的歧视。这种歧视在当时的历史条件下，并未能促使楚人像吴人那样去向周文化学习，反而使楚人产生一种逆反心理，在“蛮”的特质的方向上发展。

作为湖湘文化前身的楚蛮文化特质的原始层，就是它的带有原始野性的“蛮”。这种“蛮”的特质内涵，包括“沅有芷兮醴有兰”的自然环境；包括“被薜荔带女罗”的服饰；包括“信鬼而好祠”的民风民俗；包括“荜路蓝缕”(《楚世家》)的辛勤劳作和开拓精神。

“蛮”的文化特质的第二个层面是强烈的乡土意识和怀乡恋乡情结。但是，这种情感，在包括湖湘在内的楚人身上表现特别强烈，特别突出。《离骚》说：“陟升皇之赫戏兮，忽临睨夫旧乡。仆夫悲余马怀兮，蜷局顾而不行。”项羽和刘邦都是楚人，他们在胜利之后，都想要回归故乡。这些，都表现出一种强烈的乡土意识，难解的怀乡、恋乡情结。

“蛮”文化特质的第三个层面便是爱国主义精神。国、家、乡是一个不可分割的整体，但爱家、爱乡与爱国不是一回事，它们有范围、层次的区别。只有爱国主义才是一种最崇高最广大的爱，属于最高层次。我们同样可以说，爱国主义在楚人身上表现最为强烈，最为执着。蛮，也就是执着。从“楚虽三户，亡秦必楚”的俗谚中，我们可以见到这种蛮，这种执着。屈原更是这种爱国主义精神的集中体现，在他的不朽之作《离骚》中，“一篇之中三致志焉”。

属于第三个层面的，还有一种自强的精神，从先王熊绎立国荆山开始，楚人就具有了一种筚路蓝缕、奋发图强的精神。这种精神形成的一个重要原因，是周王室分封不公，“齐、晋、鲁、卫，昔封皆受宝器，我独不（否）”（《楚世家》）。这种待遇之不公，促使楚多次问鼎周室，不断开拓疆域，把楚国的版图扩展到淮河、黄河流域，包括今河南、安徽、江苏、山东的广大地区。只是后来由于楚国内部发生了矛盾，给秦国造成了可乘之机，后来居上，统一了中国。否则，历史将会是另一个样子。但是，楚人自强之心并未泯灭，如上所述，秦灭楚之后，民间便流传“楚虽三户，亡秦必楚”的俗谚，而秦亦竟为楚人所亡，就是一个明显的例证。

屈原（约公元前340—公元前278年）是战国时期楚文化的灵魂人物。他出生于楚国丹阳秭归（今湖北宜昌），芈姓，屈氏，名平，字原；又自云名正则，字灵均。他是楚武王熊通之子屈瑕的后代，少年时受过良好的教育，博闻强识，志向远大；早年受楚怀王信任，任左徒、三闾大夫，兼管内政外交大事。他提倡“美政”，主张对内举贤任能，修明法度，对外力主联齐抗秦。因遭贵族排挤诽谤，他被先后流放至汉北和沅湘流域，楚国郢都被秦军攻破后，自沉于汨罗江，以身殉国。

屈原是中国历史上第一位伟大的爱国诗人，中国浪漫主义文学的奠基人，“楚辞”的创立者和代表作家，开辟了“香草美人”的传统，被誉为“辞赋之祖”“中华诗祖”。屈原作品的出现，标志着中国诗歌进入了一个由集体歌唱到个人独创的新时代。其主要作品有《离骚》《九歌》《九章》《天问》等。以屈原作品为主体的《楚辞》是中国浪漫主义文学的源头之一，与《诗经》并称“风骚”，对后世诗歌产生了深远影响。1953年，在屈原逝世2230周年之际，世界和平理事会通过决议，确定屈原为当年纪念的世界四大文化名人之一。

屈原与湖湘文化

肖永明①

在源远流长的湖湘文化史上，屈原具有非常重要的地位。人们在追溯湖湘文化时，往往将屈原视为湖湘文化的源头。

作为一种独具特色的区域性文化传统，湖湘文化是一个不断建构的过程。人们注意到，湖湘学者有一种“褒美乡贤”的传统，他们对自己的故土家园有一种执着的热爱，对于本土文化精神有一种自觉的继承、推崇与弘扬。他们希望从历代乡贤先达

① 肖永明. 屈原与湖湘文化［J］. 湖南科技学院学报，2014，09.

的思想中吸取资源，获得动力，从乡贤事迹中受到激励。在湖湘文化精神建构过程中，屈原精神无疑是重要源泉。

在湖湘文化发展史上我们可以看到，湖湘士子、民众通过多种方式表达对屈原精神的表彰、认同、推崇与继承。

第一，在民众习俗活动层面，农历五月初五端午节及龙舟竞渡以祭奠屈原的系列活动最早由湖南发端，在湖湘地区历代一直盛行，至今不衰。甚至在很多人心目中，端午竞渡有着特别重要的地位：“宁输一甲田，不输一年船。”这些活动使得屈原作为一种文化象征具有最广泛的影响力，对湘人的思想、风俗产生了重大影响。

第二，从秦末开始，历代湖南各地都有纪念屈原的建筑，尤其是建有屈原庙、屈子祠祭祀屈原。

汨罗、武冈、邵阳等地有招屈庭，辰阳、平江等地有祭祀屈原的乡贤祠，善化、株洲、湘阴、武陵、澧州等地有三闾大夫祠，益阳有天问阁，邵阳有渔父亭、沧浪水，湘阴有独醒亭，汉寿、邵东、武冈、汨罗有沧浪水。

据有关学者统计，迄今为止，湖南各地仍然有屈原庙遗址 20 多处：汨罗屈子祠，益阳凤凰神庙，溆浦县屈原庙，澧县三闾大夫祠、三闾祠，桃江县凤凰庙，黔阳县三闾大夫庙，芷江县昭灵庙遗址，长沙市三闾大夫祠、屈贾二先生祠、屈子祠，祁阳县昭灵庙，道县三闾大夫祠，桂东县三闾大夫祠，岳阳县三闾故宅、三闾庙，湘阴县三闾祠，平江县三贤祠、武冈市朱溪屈原庙等。

对屈原的纪念活动是湖湘区域文化象征体系建构的一个重要组成部分。湖湘士人力图构建一个由屈原开其端，由周敦颐、张栻、王船山、曾国藩承其绪的湖湘学脉。这个区域文化传承的脉络到近代以来越发清晰，其中所蕴含的文化精神也越发凸显。湖湘士人认同这种文化传承谱系，也以延续这一谱系、弘扬湖湘文化传统作为自己不可推卸的责任。

第三，历代湖湘士人都注重刊刻、注释、品读屈原的作品，阐发屈原的精神。明清时期，就有湖南人收集屈原的作品或者事迹。王夫之仰慕屈原的志节与品德，作《楚辞通释》，称颂屈原为“千古独绝之忠”；魏源《送李希莲归郴州》将屈原引为千古同调：“我有苍茫万古愁，欲起灵均诉澧芷”；曾国藩将湖湘士人的经世精神溯源到屈原、贾谊：“屈原、贾谊伤心之地也，通人志士仍世相望”（《邓湘皋先生墓表》）；毛泽东从早年求学直到晚年都尊崇屈原，他酷爱《楚辞》，收集《楚辞》的多种版本，1972 年将《楚辞集注》作为国礼送给日本田中角荣首相。他称屈原为“伟大的爱国者，无私无畏，勇敢高尚”，1961 年作《七绝 · 屈原》，歌颂屈原为真理献身、以死警世的战斗精神：“屈子当年赋楚骚，手中握有杀人刀。艾萧太盛椒兰少，一跃冲向万里涛。”可以说，历代湖湘士人都从屈原这里汲取智慧和力量，获得精神滋养。

屈原精神究竟从哪些方面影响着湖湘文化精神的塑造？

第一，忠君爱国的精神。屈原虽然“信而见疑，忠而被谤”，但他“正道直行，竭忠尽智以事其君”，表现出强烈的忠君爱国精神。在屈原所处的战国时代，各诸侯国之间人才流动很频繁，“朝秦暮楚”“楚才晋用”是常态，忠君爱国并非士人普遍的观念。如果仅仅为了个人的聪明才智发挥、个人的事业发展、个人的荣华富贵，屈原完全可以去别的国家选择明主，寻求自己的出路。但屈原即使遭受谗言被疏远，甚至被流放，却始终忠心耿耿，挂念的是祖国的兴亡、人民的疾苦，希望楚王发愤图强，振兴楚国。这种思想，为后来的湖湘士人树立了光辉的典范。

明清之际王夫之有无法忘怀的故国之戚，与屈原精神相契合，对屈原的气节和品德极为仰慕，在晚年所作的《楚辞通释》中高度称颂屈原的忠君爱国精神：“蔽屈子一言曰忠”。他认为屈原在怀王不聪不信之际，之所以从容就义，并不是没有全身而退的方法，也不是一时冲动或意气用事而慷慨轻生，而是深思熟虑的结果，基于其忠君爱国意识。王夫之对屈原精神的解读，实际上也是其自身思想观念的表现，他以屈原为千古知己，以屈原来激励自己。

在湖湘近代众多仁人志士身上，我们也可看到这一精神的体现。谭嗣同在维新变法失败之际，本来有机会逃走，但他首先考虑的是营救光绪皇帝，最后愿意以死殉国，以自己的鲜血警醒国人。在辛亥革命前后短短 15 年间，湖南曾先后有陈天华、姚宏业、杨毓麟、彭超和易白沙等 5 位烈士为救国而蹈海投江，这在全国其他省区是罕见的。他们的死和个人得失、命运穷通无关，是为了以死警醒国人。他们选择了与屈原同样壮烈的方式，甚至易白沙在江门蹈海时更选择了五月初五端午节（1921 年 6 月 10 日）这一天，屈原的影响有迹可循。

第二，上下求索、忧国忧民的精神。屈原的作品气象万千，神奇瑰丽，堪称千古绝唱，但有一种忧国忧民之情萦绕其间。我们可以感受到屈原“路漫漫其修远兮，吾将上下而求索”的志向，“长太息以掩涕兮，哀生民之多艰”的悲怆。在君主昏庸、奸佞当道的楚国，屈原追求政治清明、国家富强、人民安康，提出了明君贤臣共兴楚国的以民本思想为核心的“美政”理想，并为这一理想而上下求索，锲而不舍，甚至愿意为之付出生命：“既莫足与为美政兮，吾将从彭咸之所居”。这种经世精神与忧国忧民的情怀，对湖湘士人的思想观念、价值取向产生过深刻的影响，鼓舞、激励着历代湖湘士人崇尚经世致用，胸怀天下。湖湘士人对民族对国家有着强烈的忧患意识与责任感，尤其是近代以来，众多湖湘仁人志士在国家民族危难之际，忧心如焚，苦苦追寻救国救民的真理，可以溯源于屈原。

第三，品行高洁、不同乎流俗的精神。司马迁在《史记》中引刘安之言评价屈原志行高洁：“其文约，其辞微，其志洁，其行廉”。《渔父》中屈原与渔父的对话，耐人寻味。这一场基于不同价值观、不同人生哲学、不同处世态度的对话，凸显出屈原的高洁品格。在残酷的现实面前，很多人会选择远害全身、自我保护。但屈原拒绝和光同尘、虚与委蛇，拒绝随波逐流、与世沉浮。他要坚持自己的理想和信念，“举世皆浊我独清，众人皆醉我独醒”，在浊世洁身自好，绝不同流合污：“独立不迁”“深固难徙”“苏世独立，横而不流”（《九歌·橘颂》），哪怕这种坚持与所处的环境格格不入，哪怕会给自己招来流放之祸，乃至会牺牲性命，也在所不惜：“亦余心之所善兮，虽九死其犹未悔！”这种高尚的人格为湖湘士人树立了高山仰止的榜样，在湖湘文化发展史上散发出令人瞩目的光辉。湖湘士人继承这种宝贵的精神财富并将它发扬光大。周敦颐《爱莲说》“出淤泥而不染”的高洁人格，也与屈原一脉相承。在政治黑暗、价值观念混乱的时代，我们能看到一批批湖湘士人自拔于流俗之外，特立独行，坚贞不屈地追求自己的理想。

屈原文化是中华优秀传统文化的重要内容，它在湖湘文化的历史建构过程中产生了重要影响，是当代湖湘文化建设的重要资源。屈原忠君爱国的精神，上下求索、忧国忧民的精神，高尚的人格，在历史上曾经鼓舞、激励着湖湘士人，塑造了湖湘文化精神，成为湖湘精神气质的重要内涵。今天，我们要大力继承、弘扬屈原精神，使之在新时代的文化建设中，在湖南文化强省的建设中熠熠生辉。

三、湖南土著民族文化也是湖湘文化的源头之一①

从时间维度（也就是历史发展轨迹）方面讲，湖湘文化的形成与发展同湖湘本土的史前远古居民的活动息息相关。

据考古发掘的资料证实，远在旧石器时代，湖南早有古人类活动。湖南境内屡次被发掘出来的大量商周时期的青铜器则被部分学者认定为湖南本土的土著民族文化，而这个土著民族就是殷商人尚未进入湖南之前的本土史前文化的创造者“苗蛮”的一支，也极有可能就是史书上记载的赫赫有名而又扑朔迷离的“三苗”。至春秋战国时期，据史料记载，湖湘大地上主要居住着五个古老的民族或部族群，即越人、蛮人、濮人、巴人和楚人，而其中前三者最为古老，是真正意义上的湖南“原住民”。古越人是湖湘地区古老的民族之一，最早分布于湘东北、湘东、湘中和湘南地区，后来由于历史原因，向西南和南方迁徙，成为湖湘侗族的先民；蛮人也是湖湘地区最古老的民族或部族群，一般认为是殷商至西周时期的“荆蛮”，即远古时期曾经与炎、黄两大部族集团逐鹿中原的苗蛮——“三苗”的后裔。后来，在楚人的不断征伐和排挤下，向湘西和湘西南迁徙，成为现今湖湘“苗”“瑶”族的先民；濮人也是湖湘大地古老居民的成员，聚居在湘西的濮人成为秦汉时期史籍中记载的“武陵蛮”和“武溪蛮”的主要民族构成部分，也就是现今湘西和湘西南“苗”“瑶”等少数民族的族源之一；在我国先秦的古代典籍中，对于居住在南方（包括湖湘）的各民族统称为“南蛮”，比如《礼记·王制》中所说的：“南方曰蛮”。顾栋高在《春秋大事表·四裔》中将南蛮分为卢戎、蛮、濮和巴四族，他认为“南蛮”实际上是指蛮、濮、巴三个民族或者部落群；巴人相传起源于鄂西清江流域，为廪君巴务相的后裔，在势力日盛的楚国的逼迫下，向川东退缩，成为现今湘西土家族的族源。

追溯历史，可以看出湖湘本土“三苗”族群文化生活的发展演化，直接催生了湘西文化的雏形。“三苗”族群向湘西、湘西南等地区迁徙，而当时湘西如天然屏障般的地理环境、封建社会落后的民族政策以及各种深刻的历史原因，得以完整地保留了湖湘先民的文化本色与精神特质。

---

① 沈名杰. 湘西文化与湖湘文化的关系［J］. 艺海，2010，06.

故此，要细细体味湖湘文化的特殊秉性，只有深入神秘的湘西。那静静依偎沱江的凤凰古城，既是苗族文化的宝库，也是湖湘文化的缩影。

历史上，与汉民族、中原王朝相对而言，湖湘远古居民、“三苗”族群长期处于生存空间、文化话语、政治话语的弱势地位而被边缘化。也正因为如此，湘西少数民族文化被磨砺出顽强拼搏、敢于冒险、独立不羁和草野彪悍的精神品质，而这些品质与湖湘文化精神中的强悍、不畏艰苦、勇于探索及不肯屈服的精神特质是一致的。

泱泱华夏，各民族、各地域的居民在长期生产生活中逐渐形成了自己独特的文化类别。这些民族或地区的文化，既有普遍的、共同的、基本的人类性成分，又有其属于民族性、地域性、社会历史性的特殊个性。如果将湘西文化划分为湖湘文化的一个子系统，湘西文化不但具备与湖湘文化相同、相近的文化特质，而且也形成了自己独特的文化个性，其缘由与湘西的地理环境密切相关。一方面，湘西地区山高路险，崖壁陡峭，崇山峻岭层层阻隔，使得湘西与外界的信息交流极为不便。于是，大量各具特色的民俗传统与民间文化得以完整、长久地保存下来；另一方面，由于长期被孤立，不能引进先进的生产技术，加上自然灾害频繁，使得湘西先民不得不借助祭祀神灵的方法来祈福纳吉，消灾避难。于是，众多生动的神怪传说、史诗佳话应运而生。此外，由于种种历史、政治原因，湘西各族群之间的相对封闭也造成了各民族文化的分布错落有致，各自传承特色鲜明。古时土家族的首领土司就实行“汉不入峒，蛮不出境”的禁令，迁出迁入者甚少。而土司辖地四周亦有封建朝廷的重兵把守，禁止汉人入峒。

湘西文化浸透了巫风楚韵，是一种以生命底蕴为人格理想、高扬着形式创造和内蕴着虚幻性审美智慧的文化，是研究湖湘文化的活化石。

首先，崇巫好祀，顺天逍遥，天人合一。崇神信巫是湘西文化中根深蒂固的传统。《汉书·地理志》说：“楚有江汉川泽山林之饶……信鬼巫，重淫祀”（编者按：“淫”指“过多、过甚”之意）。在天人关系上，湘西文化主张顺应天意而行，天人合一，追求自由自在、逍遥快活的生活，这一点在土家族“人化宇宙”的观念上得到了印证。

其次，湘西文化具有原始古朴的品质。这种原始、醇正、古朴的品质闪烁于湘西文化的方方面面。湘西人偏爱红、黑二色，常以红、黑为主调去统一其他的色彩。

红、黑二色在湘西文化中具有原始巫术崇拜的含义。黄永玉的画作中经常运用这两种颜色作为主调，抛开美学、装饰性意味，就是其受湘西文化底蕴的影响了。

再次，价值取向上务实进取，重情重义。湘西文化中饱含湖湘人务实进取、重情重义的价值观。在长期的征服自然和抗击强暴的斗争中，湘西人表现出雄强蛮悍、不屈不挠、桀骜不驯的气势，体现出勤劳勇敢、务实进取、重情重义的心理和精神特征，落后的农耕技术和艰难的生存环境培育了湘西人务实进取的精神。

最后，湘西文化彰显出强悍、劲勇的民族性格。湖湘大地上巴人的民族性格素来就是强悍劲勇。史书记载："周武王伐纣，实得巴蜀之师。著乎尚书，巴师勇锐，歌舞以凌殷人，前徒倒戈。"（《华阳国志·巴志》）湘西的土家族人继承了巴人的精神特点，《大明一统志》云："南浦县、涪陵郡，人多劲勇。"

第三节 秦汉隋唐——初露端倪

秦汉隋唐时期，统一的多民族国家的形成、巩固与发展，使湖湘文化得以初露端倪。

一、秦汉魏晋：楚文化与中原文化的融合[①]

秦灭楚统一六国后，湖南成为秦王朝统治下统一的多民族国家的一部分。自秦至汉，国家统一的民族文化开始逐步形成。民族文化的形成首先是从民族自身的融合开始的。秦汉时期因兵祸与天灾的频繁发生，北方和中原地区的人口大规模地向南迁徙。湖南境内的人口在原有的基础上成倍地增长。据载，秦时湖南地区的人口尚不足50万，西汉元始元年（公元1年）达到约51万，及至东汉永和五年（公元140年），便增长到281万。随着人口的大量增长，人口的民族成分也发生了较大的变动。由于中原和北方人口是以征服者的姿态进入，湖南境内原有的大部分土著民族逐步向西部、西南部以至湖南境外的西南山区退徙，留下广大的江湖平地供中原人和楚人聚居，这些中原人和楚人再同那些没有退徙的湖南土著居民融合，便构成了湖南境内新的主体民族——汉族。

在民族融合的同时，湖南境内的楚文化与新进入的中原文化融合，在原有的基础上继续向前发展，形成新的具有楚文化特色的汉文化。在物质文化方面，秦汉时期铁器、牛耕的普遍应用，农作物品种的增多与产量的增加，使得湖南当时的粮食不仅能够满足内需，而且还大量外调；手工制造业增加了新的门类，如印染、刺绣、造瓷、造船等。某些手工业已达到全国领先的水平。如马王堆出土的轻薄素纱禅衣仅重49克，其经纬丝纤度已达到与近代缫出的最精细的纤度相当的程度；交通运输业与商业

① 周秋光. 古代湖湘文化的形成与历史演变［J］. 湖南省社会主义学院学报，2009，01.

也发达起来，利用洞庭湖和湘、资、沅、澧四水，沟通了湖南与中原地区以及大江南北的联系，同时在陆路上也开通了与两广的出入通道。商品流通中使用的货币除“五铢”铜钱等之外，还出现了铁钱币；在制度文化方面，秦始皇统一六国后行郡县、修驰道、统一币制与度量衡等举措都在湖南得到施行。湖南地区的行政建置是在秦朝统治时期初步完善的。到西汉时期，湖南的郡县设置更为严密，同时封国遍及各地。东汉时期朝廷对于湖南境内的诸“蛮夷”采取了一系列招抚和羁縻的措施；在精神文化方面，黄老之学在当时的湖南已十分流行。在马王堆出土的汉墓中发现一大批医学帛书和两部我国至今能见到的最早的天文学专著，还有三幅古地图，说明当时湖南的医学、天文与地理学已有一定程度的发展。医学的发展大概与东汉名医张仲景在长沙担任过太守不无关系；文学艺术上，由长沙王太傅贾谊所作的《吊屈原赋》《鵩鸟赋》，在中国赋史上极具地位。马王堆汉墓出土的墓葬中，还有大批的帛画与古乐器，也反映出当时湖南在艺术上的突出成就。并且东汉时湖南耒阳人蔡伦发明了造纸术，为世界文明做出了贡献。

到魏晋南北朝时期，秦汉以来国家统一的局面不保，出现了将近四百年的分裂和战乱。战争使得全国的人口大幅度减少，西晋太康元年（公元 280 年），湖南地区的人口由 140 年前的 281 万减少到只有 97 万。在这数百年间，湖南由于地处江南，相对来说受战祸兵灾的影响比北方要少，社会安定的时日较多，经济仍得以向前发展。农业上，随着耕地拓垦，水田灌溉面积扩大，以及牛耕的进一步推广，生产技术不断改进和提高，使得粮食作物有了很大程度的增产，湖南在当时已开始成为全国大米的重要产地和供应地。三国时，“长沙好米”已是名声在外。农业的发展带动了工商业的繁荣，以粮食为原料的酿酒业在湖南特别兴盛发达。独具特色的青瓷制造业和麻纺织业、造纸业、造船业以及金属制造业都有发展。各种产品的增多使得商业流通领域也十分活跃。

魏晋南北朝时期是早期中国封建社会的巅峰时期，其突出表现是以世家豪族为代表的封建大土地所有制和封建的庄园经济得到了充分发展。在湖南地区也同样出现了一批世家豪族，他们通过各种手段，广占田地，私募佃客、部曲，过着奢侈糜烂的生活。当时反映世家豪族意识形态的清谈玄学之风在湖南也盛极一时。所谓玄学，即《老子》《庄子》《周易》三玄。清谈玄学就是对“三玄”的研究做出解释。湖南当时颇有名气的清谈家和玄学家有泉陵（今永州）人刘先，长沙人虞授、邓粲，武陵人潘京、伍朝、龚玄之等。他们都崇尚“老庄”，提倡“安于陋巷”“避世山林”“终身隐而不仕”。

由于崇尚“老庄”和清谈玄学之风的盛行，与之相近的道教在湖南得到广泛的传播。道教的主要据点在南岳衡山。衡山的祝融峰有南岳观，西晋太康八年（公元287年）所建。在其他地方的著名道观有巴陵的青霞观、醴陵的登真观等。

佛教传入湖南也在魏晋之际。湖南最早的一座佛教寺庙为麓山寺，建于西晋初年。稍后又有巴陵君山寺、圆通寺、桃源净照寺、衡阳上圆清寺、衡山衡岳寺和攸县证果寺等一批佛教寺庙的出现。

魏晋南北朝时期，湖南在文化学术上已经有所表现。东晋耒阳人罗含所著《更生论》是湖南最早的哲学著作。三国时湖南的著名文士有蒸阳（今衡阳）人刘巴、湘乡人蒋琬和长沙人桓阶。刘巴做过蜀国的尚书令，蒋琬做过蜀国的尚书郎与大将军，可以说是当时中央一级的官员。最早崭露头角、参与中央国家的政治生活的湖南人，在东汉时有耒阳人蔡伦（任中常侍）、桂阳人胡腾（任窦武之佐治属官）、泉陵（今零陵）人蒋晋（任尚书郎）和刘优（任尚书右仆射）；到魏晋时期则为刘巴与蒋琬；到南朝时，湖南文学上的杰出人物有澧州人阴铿与车胤。此外，邓粲还是东晋时著名的史学家，罗含既是哲学家又是地理学家。南朝时著名的地理学家尚有武陵人黄闵与伍安贫。

湖南的文化学术从秦汉到魏晋，虽然较之以前有了进步，但在全国范围内估量，其总体水平还不高。据有关学者统计，西汉出书282种，湖南仅1种；《汉书》所载士人510名，无一出于湖南；西汉私家教授和五经博士人数湖南均为零；东汉出书568种，湖南仅2种；《后汉书》列传中士人990人，湖南仅4人；东汉私家教授213名，湖南仅有1人，五经博士人数仍为零；东汉三公九卿302人，湖南仅有三公2人；三国时期，《三国志》列传中士人625人，湖南仅9人；西晋出书649种，湖南仅1种；将相大臣和辟雍学士人数均为零；《晋书》列传中士人中湖南亦仅16人；南朝时期《宋书》《齐书》《梁书》所含列传人物中，湖南人物分别只有1个，《陈书》中也只有2个，《隋书》中竟然为零①。上述这种状况可以理解为是从东汉末年以来，湖南在将近三个半世纪的分裂割据中长期与中原脱离联系所致。

---

① 张伟然. 湖南文化的发展过程［J］. 中国史研究，1996，02.

二、隋唐五代：湖湘文化的酝酿期[①]

隋唐五代，是中国封建社会的鼎盛时期。隋唐时，国家由分裂重新走向了统一。湖南与中原的联系比过去加强了，中央也加强了对地方的控制。唐代宗广德二年（764），中央在衡州设立湖南都团练守捉观察处置使，简称湖南观察使。“湖南”之名由此始。大历五年（769），湖南观察使始迁往潭州（今长沙）。其时，北方人口继续大量南徙，加之湖南战乱较少，人口自然繁殖较快，唐贞观至开元年间，湖南境内的人口已达123万余人。

同全国其他地区一样，湖南在唐朝的早中期实行的是租庸调制。均田制破坏后，又实行两税法。由于隋唐五代时期湖南各地兴修和扩建了许多水利灌溉工程，多数地区的水稻已实行一年二熟制。粮食作物除种水稻，还种小麦与粟、黍等。经济作物有桑、苎麻、茶叶和棉花。手工业方面，以前的青瓷烧制工艺已发展到釉下彩烧制工艺，长沙铜官窑的釉下彩瓷器已能代表当时国内瓷器生产的最高水平。其他手工业如纺织业，也由以前的麻纺为主变为丝纺与棉纺并举了。此外，传统的有色金属矿产的开采和冶炼，除了金、银、铜，还有朱砂和水银。

隋唐五代，湖南对外畅销的农副产品除大米外，主要是瓷器与茶叶。长沙铜官窑的釉下彩瓷器不仅行销于国内的通都大埠，而且远销朝鲜、日本、印度和东南亚地区，甚至远达北非和南非。茶叶主要是销往北方各省，每年上交的茶税以百万计，可推知其销售额相当大，很可能湖南茶已压倒了江淮茶和福建茶，垄断了北方市场。其时，湖南对外的商道和交通线主要有四条，即通长江下游各地的商道、通中原的商道、通岭南两粤以及通巴蜀的商道。通长江下游的商道是水路，即沿湘江入洞庭，再顺长江以达扬州。唐时湖南的粮食出境和铜官窑的瓷器外销多由此道。至唐末五代，藩镇割据，此道受阻，对湖南经济影响甚大。通中原的商道即顺湘江而入洞庭过长江，入汉水，进入荆襄地区，再由陆路以达中原。湖南的茶叶北销主要依赖此道。通岭南两粤的商道，自秦汉修驰道、凿灵渠、开峤路以来，一直有东西两道：一是循湘江而入广西，一是经耒阳、郴州而入广东。两道的汇合点在衡阳。通巴蜀的商

---

① 周秋光. 古代湖湘文化的形成与历史演变［J］. 湖南省社会主义学院学报，2009，01.

道也有两线，一是由洞庭过长江后经三峡而入川，一是经由澧水和沅水的支流酉水而入川。

隋唐五代时期，湖南的文化较之魏晋南北朝时期，已有所改观，但改观是从中唐以后开始的。中唐以前，唐朝的诗歌发达，然而湖南除了虞世南外，却没有出过一个知名的诗人。唐重进士，在大中以前，湖南也没有出过一个进士。湖南的第一个进士是长沙人刘蜕于唐宣宗大中四年（850）所中，号称“破天荒”。有唐一代湖南进士共 9 人，全部出于后期。唐前期的湖南文化之所以不竞，据学者分析，主要是因为当时的湖南缺乏一个政治经济中心。唐初，现在湖南地区尽属江南道。开元二十一年析江南及山南为东西道，增置黔中道，湖南被分割属于三道，湘资流域大体上属江南西道，澧水流域及沅水下游属山南东道，沅水上游属黔中道。唐代宗广德二年之后，湖南的西部虽仍被分割，岳阳地区也划归于鄂岳沔节度使管辖，但湘资二水流域大体上从江右（江西别称江右）分出来了，成为一个独立的行政管辖区，即置湖南观察使，领衡、潭、邵、永、道 5 州，这就使得湖南有了一个政治经济中心——长沙。于是，中唐以后，在今湖南地区除澧州出了李群玉、李宣古等诗人外，湘、资流域也出了刘蜕、胡曾等知名的作家及怀素、齐已两位诗僧。五代时马殷据湖南，其势力曾一度扩展到沅水、澧水流域，文化更有发展，在长沙聚集了一批文人，属湖南籍或定居湖南的有邓洵美、韦鼎、狄焕、廖昌图和廖凝等人。这些人的成就虽然不高，却形成了一种声势，对振起湖南地区的文风起了重要作用。从中唐到五代，湖南还先后出现了石鼓、岳麓两书院，是见诸记载的中国书院之始，更开创了湖湘以重教育著称的先河①。此外，湖南在唐代出现了全国第一流的大书法家欧阳询、欧阳通父子及怀素，他们三人都是长沙人。欧氏父子的“欧体”与怀素的“狂草”比湖南的诗文创作在全国更有地位和影响力。

然而，我们估量唐后期湖南文化的发展也不宜过高。因为与当时的中原文化相较，湖南地位仍然低下。在中原人的眼里，湖南当时还是一个未完全汉化的地方。中唐人张谓撰《长沙风土碑铭》，序中有云：“郡邻江湖，大抵卑湿，修短疵疠，未违天常，而云家有重腿之人，乡无斑白之老，谈者之过也。地边岭瘴，大抵炎热，寒暑晦明，未愆时序，而云秋有爀曦之日，冬无凛冽之气，传者之差也。”这样一个“风

① 马积高. 漫论湖湘文化［J］. 湖湘论坛，1996，06.

俗夷僚”“蛮越杂处”的“卑湿”“炎热”之地，在当时普遍为安置贬官谪吏的去处。如王昌龄被贬龙标（今黔阳），刘禹锡被贬朗州（今常德），褚遂良被贬潭州（今长沙），赵冬曦、张说被贬岳州（今岳阳），令狐楚被贬衡州（今衡阳），元结、吕温被贬道州（今道县），戎昱被贬辰州（今沅陵）等。当然，也有视湖南为“清绝地”而前来漂泊游览者，如韩愈、李白和杜甫，他们也在湖南一些地方留下了活动的足迹及诗篇。

第四节 两宋时期——首度崛起[①]

两宋时期特别是南宋，可以说是湖湘文化发展的一个重要阶段。湖南在唐末五代时曾由马殷建立楚国并割据五十余年，这是历史上唯一以湖南为中心所建立的国家政权，应当说为湖南的区域性开发奠定了一个良好的基础。到北宋统一后，由于北方党项、辽、金和蒙古族的相继南侵，迫使以汉族为主体的中原王朝将重心移向南方。南移的枢纽虽在江浙，但湖南间接地通过江西而得到相应的带动。原来北宋都汴京，江西与之相隔较近。南宋都杭，距江西更近。江西又是联结岭南的主要通道，这就使得江西成为经济、文化较为发达的区域。湖南距江浙虽远，但南宋时国界线南移，湖北的武昌、襄阳及沿江要地都成了边防重镇，湖南遂成了边防重镇的腹地之一，地位较之北宋时反而更为重要了。

江西带动湖南发展的一个重要因素是向湖南输出移民。湖南在五代以前的移民主要来自北方中原一带，五代以后便主要来自东面的江西，江西向湖南输出移民从两宋开始一直持续到明清。据统计，迁入湖南的移民达 16 个省区，其中，江西移民占 64. 45%。江西移民进入湖南的作用一方面增加了湖南人口的数量，开垦了湖南的荒土，扩大了耕地面积，促进了农业经济的发展。另一方面对湖南居民族源和血缘进行更新与改造，从而导致了人口素质的提高。因为移民一般都具有不同程度的开拓意识，具有自立自强和勤奋创业的精神。相对来说，那些秉性庸懦、游惰懒散、无所作为的人，多数是不愿流离迁徙去追求温饱或较为富足的生活。所以，从生理素质、心理因素等方面来说，除了遭到某种限制和压迫者外，移民一般是强于土著的[②]。

两宋时期，湖南的经济发展比以前历朝都要突出。由于耕地面积的扩大和水利工程的大规模兴修以及生产技术的进步，湖南的粮食生产获得了前所未有的发展。宋代

---

① 周秋光. 古代湖湘文化的形成与历史演变 [J]. 湖南省社会主义学院学报，2009，01.

② 林增平. 近代湖湘文化试探 [J]. 历史研究，1988，04.

以前，湖南粮食作物主要是稻和粟。两宋时期，湖南除推广水稻优良品种占城稻，又进行南北农作物交流，普遍种二麦（大麦与小麦），使得湖南的粮食产量年年丰盈。朝廷每年都要从湖南调运大约65万石的漕米供京师和北方食用；湖南的茶叶每年也有113万余斤，约占全国茶叶产量的10%。其他如种植业和养殖业也有一定程度的发展。种植业有棉、麻和各种果树，其中以柑橘最为突出。由于多山，湖南的森林资源也十分丰富。养殖业主要是养蚕、渔业和猪、鸡、鸭、鹅等畜牧业。宋代湖南的手工业无论是规模、制作技术，还是品种、产量，都较隋唐五代有新的发展。此外，陶瓷、纺织、造纸和酿酒，在工艺水平上都有新的突破；造船业，潭州已能制造装载漕米万石的巨舰；商业和交通，在隋唐五代的基础上更进一步发展与繁盛。

两宋时期也是湖南地方文化在全国形成自己特色的时期，该时期湖南出现了儒、释、道“三教合一”的理学中的重要学派——湖湘学派。

其实，理学也是由湖南人开创的。理学的开山祖周敦颐是北宋湖南营道（今道县）人，他的《太极图说》与《通书》奠定了宋明理学的基础。不过周敦颐的主要活动和归宿都不在湖南而在江西，他对于本土的影响也不大。而把他所开创的理学传到湖南并创立湖湘学派的却是南宋时从福建迁居湖南的胡安国与胡宏父子俩。故有人认为湖湘文化的形成是假借了异地的力量，这反映湖南地区本身在创造文化方面还处于软弱无力的地位①。

胡安国是福建崇安人，曾提举湖南学事。南宋初转徙荆楚，后在南岳紫云峰下结庐隐居著书立说。所著《春秋传》和编辑《二程文集》是湖湘学派重要的理论基石。其子胡宏曾拜理学家杨时和侯仲良为师，但主要继承和发展了胡安国的理学思想。胡宏在南岳衡山讲学二十余年，著有《知言》与《五峰集》等。清代学者全祖望在《宋元学案》序录中称许胡宏是“卒开湖湘之学统”的人物。胡宏的弟子有张栻、韩璜、吴翌、彪居正、孙蒙正、赵孟和赵棠等人，而以张栻最为出名。张栻系四川人，幼时随父到长沙定居，后拜在胡宏的门下。张栻在理学的各种领域都下了功夫，并有自己的独到见解。清人黄宗羲说他所学“得之五峰，论其所造，大要比五峰更纯粹”（《宋元学案·南轩学案》），可以说是一位发扬和光大师门的人物。

张栻曾在长沙筑城南书院授徒进学，后主要以岳麓书院为学术据点。他的门人弟

① 马积高. 漫论湖湘文化［J］. 湖湘论坛，1996，06.

子有彭龟年、吴猎、游九言、游九功和胡大时等。南宋乾道三年（1167），张栻接待了从福建崇安前来访问的闽学派理学大师朱熹，朱、张二人在岳麓书院会讲两个月，就理学中的一系列问题切磋问难。通过这次会讲，使得湖湘学与闽学两派得以相互取长补短，推动了学术的繁荣和理学的发展。

由胡氏父子创立的湖湘学派经张栻之手得以向外传播，走向全国。如宋末理学大师魏了翁通过张栻的蜀中弟子范荪吸取了张栻一系的学说，在四川蒲江和湖南靖州先后各办起一所“鹤山书院”，不仅使“蜀人尽知义理之学”，而且使“湖湘江浙之士，不远千里负书从学”，扩大了张栻思想的影响，沟通了湖湘与巴蜀文化的交流①。

有的学者总结和比较湖湘学派在理论上的特点有三：一是以性为太极，居于理之上，与程朱派性即理，以理为最高理论范畴不同；二是主张性无善恶，天理人欲同体异用，修正了程氏的性善情恶之说；三是强调践履和经世。湖湘学派在理论上较之程颐、朱熹认为性即理，理先气后，虽同属唯心主义宇宙观但在逻辑上不如程、朱的严密，也更带主观色彩。他们的精义在后两者。但在强调经世方面，又不及浙东学派的鲜明。故张栻逝世后，其弟子或投闽派朱熹门下，或投浙派陈傅良门下，坚持其说的不多，这与他们学说的弱点分不开。不过，胡、张之说的后两者，实比程、朱之说通脱，后来凡不太迂拘的理学家，不管其是否研究过他们的书，信奉他们的学说，实际上都不得不或多或少遵循他们的轨辙，后世湖湘学者中的多数人正是继承的这个传统②。

有宋一代，湖南除出现湖湘学派，理学方面在全国有自己的特色外，在经学、史学、地学、文学艺术、医学及考据学等方面也都有非凡的建树。宋代湖南著名的经学家有宁乡的易祓、武陵的丁易东、永明的周尧卿；史学家有湘潭的路振和路纶、祁阳的陶岳、湘乡的王容、衡阳的郑向和曹衍、浏阳的汤瑫、桂阳的黄植、茶陵的谭世选、龙阳的袁申儒、武陵的丁特起；地学家有衡山的李芾、南岳的释文政和南岳道士陈田夫、衡州的宋刚仲、武陵的柳拱辰等。北宋时湖南文学方面无闻人，至南宋时所出的名诗人有潭州人刘翰、宁远人乐雷发；名词人有湘潭的王以宁；散文家有潭州人邢天荣、营道人义太初、湘潭人钟将之、衡阳人廖行之、衡山人候延庆等；书法家有

① 蔡方鹿. 张栻与湖湘文化［J］. 湖南社会科学，1989，05.

② 马积高. 漫论湖湘文化［J］. 湖湘论坛，1996，06.

潭州的刘次庄、沅陵的单炜；画家有潭州的武洞清和衡州的释仲仁；医学家有湘乡的朱佐与衡州和宋永寿；考据学家有潭州的王观国和桃源的戴埴等。

宋代反映湖南文化发展的另一表现是学校教育与书院的广泛兴起。北宋时湖南州县学为数尚少，到南宋时湖南的大部分州县都建立了学宫。书院作为讲学的场所，也同时兼具学校规模，以补州县学之不足，在南宋时尤盛。据载南宋时湖南全境有书院51 所，分布于近 30 个县内。闻名全国的有长沙的岳麓、城南，衡阳的石鼓和湘潭的碧泉诸书院。当时全国著名的四大书院（庐山的白鹿洞书院、衡阳的石鼓书院、应天的应天书院和长沙的岳麓书院）竟有两所在湖南！由于教育的兴盛，湖南开始出现人才蔚起的现象。前文所述一大批理学、经学、史学、地学与文学诸家的出现即为例证。据清光绪朝《湖南通志》所列举两宋时期湖南县以上官吏 390 余人，其中进士达 179 人[①②]。

链接 1

朱汉民：湖湘文化形成于两宋时期

记者（蔡栋）[③]：为什么您认为湖湘文化形成于两宋时期呢？

朱汉民：两宋之时，中国文化发生了三重重大的变化，这是湖湘文化形成的历史条件。

首先，两宋时期兴起了理学思潮。作为一种新兴的学术思潮，理学的主要特点在于对传统思想文化的综合。它以复兴儒学为旗帜，又大量吸收和综合了佛、道两家的宇宙哲学和思辨方法，将儒学发展为一种具有高深哲理的思想体系。

其次，中国的文化重心南移。两晋以后，南方经济不断发展，加之中原地区战火不绝，迫使中原人士南迁。于是，南方在文化方面逐步崛起，南宋时，文化重心南移终于完成。

其三，儒学地域化的出现。两宋时期中国出现的一个重要的文化现象，即儒学演

① 伍新福. 湖南通史（古代卷）[M]. 长沙：湖南出版社，1994.

② 周秋光. 古代湖湘文化的形成与历史演变 [J]. 湖南省社会主义学院学报，2009，01.

③ 蔡栋. 湖湘文化访谈 [M]. 长沙：湖南人民出版社，2005.

变为一个个具有地方特色、历史传承的地域学派，这便是所谓的“儒学地域化”。汉代儒学是一种自上而下的国家意识形态，故而是一种统一的儒学。宋代复兴儒学的思潮则是一种自下而上的学术思潮，它不是通过官学而主要通过地方的书院来开展学术研究与传播。一批批立志于重振儒家信仰、重建儒学知识体系的新儒家学者集聚于各个地域的不同书院中，潜心著述、授徒讲学。于是，一个个具有学术传统、思想特色的地域学派促进了地域文化的形成和发展。

理学思潮的兴起，标志着一种更具有综合性的新儒学的文化形态出现，又由于文化重心南移和儒家地域化，必然使这种以儒家为核心、综合释道的文化形态在湖湘繁衍、发展，从而导致湖湘文化的形成和崛起。

链接 2

朱汉民：周敦颐是湖湘文化的奠基人

湖湘文化，是一种具有鲜明特征、相对稳定并有传承关系的历史文化形态。秦汉时期的屈原、贾谊虽然对后来的湖南文化都产生了较大影响，但他们都是外来人，可以说是湖湘文化的源头。但湖湘文化真正的奠基还是在于宋代，在于周敦颐。

宋代之前，中国文化的重心在北方。宋代开始南移，湖湘此时出现了一个标志性人物——周敦颐；同时，创建了流芳千古的书院——岳麓书院。

周敦颐著有《通书》《太极图说》，与他后来崇高的学术地位相比，其在世时的学术思想影响不大。但是，从中国学术史、文化史的角度来看，他有两点贡献是十分重要的。其一，他的学术思想涉及宋学的一个根本性的问题意识：即如何在名教中安身立命？他的《太极图说》《通书》对这个问题做出了极有开拓意义的回答；其二，周敦颐传学于“慨然有求道之志”的程颢、程颐两兄弟，而二程后来又成为宋代理学的奠基人。周敦颐为中国学术史、文化史所做出的上述两点重要贡献，给后人的历史记忆、文化诠释留下了巨大的空间，有待于后人的不断理解、认知与开拓。周敦颐后来成为理学的开山之祖、湖湘文化的奠基人，与这两个重大学术文化的贡献有关。

书院是中国古代的教育机构，专门培养人才和研究学术。开始只是地方教育组织，最早出现在唐朝，发展于宋代。在南宋，由朱熹创立为正式的教育制度。在岳麓书院创建之前，湖南的教育非常落后。岳麓书院创建后，民间就有了“四大书院”的说法。一说应天书院（今河南商丘睢阳区南湖畔）、岳麓书院（今湖南长沙岳麓山）、白鹿洞书院（今江西九江庐山）和嵩阳书院并称宋朝四大书院。一说，衡阳的石鼓书院也是其中之一，嵩阳书院不在其列。

周敦颐开创的理学，到了张栻、朱熹这里，已经是第五代。理学强化了儒学的影响力，推动了书院的繁荣发展，并逐渐成为湖湘文化中的核心文化、精英文化。书院和理学的结合，大大影响了湖湘文化的发展，提高了其思想品位和文化品位。湖湘文化培养了许多杰出人才，王船山、曾国藩、毛泽东等人，均受到了理学的影响。他们最大特征就是周敦颐创立的湘学系统与书院教学的传统。

濂溪书院最早建立在南宋。因为在北宋时期，周敦颐的学术地位、文化价值并没有被人们认识到，他当时根本无法与同时代的范仲淹、欧阳修、苏轼、王安石等人相提并论。南宋的胡宏、张栻十分推崇周敦颐。作为“一代学者宗师”的湖湘学派掌门人张栻，对强化周敦颐的历史记忆、确立濂溪之学在理学史上的地位做出了重大贡献。首先，他在湖南地区广泛地纪念、推崇周濂溪之学，为重新扩建的道州濂溪祠作记。淳熙五年（1178 年），赵汝谊因原祠占地太小而加以扩建，并且列二程像于其中，张栻作《道州重建濂溪周先生祠堂记》，还在《记》中特别强调“先生之祠，凡学皆当有之，岂惟舂陵？特在舂陵尤所当先者。”事实上，他早就在不断地为强化周敦颐的历史记忆而呼吁和行动。因周敦颐曾任永州通判，零陵太守陈辉于永州州学新建濂溪祠，希望永州士子能够因此而重道崇学，张栻又撰有《永州州学周先生祠堂记》，强调周濂溪传道二程，在理学史上具有重要地位。周敦颐于治平四年至邵州任知州时，曾迁建州学及文庙，并撰有《邵州迁学释菜文》（载《周子全书》）。乾道九年（1173 年），知州胡华又重新修复邵州州学，张栻又撰有《邵州复旧学记》，他特别强调邵州州学是“复旧学”，因而湖湘士子读书其间时，要“思夫当时先生所以望于后人者”，将对周敦颐的记忆与文化的传承、开拓结合起来。其次，张栻不仅在湖南地区大力推崇周敦颐，还在他游宦的其他地区，特别是周敦颐曾经做官的地方支持建设濂溪祠堂。正是在这种背景下，各地建起了许多濂溪书院，尤其是周敦颐做过官的地方，特别是湖南和江西，建得最多。其三，张栻也继承老师胡宏的做法，通过刊刻周敦颐的著作，以强化对濂溪之学的记忆与传承。朱熹重新修订了濂溪的遗书，将《太极图说》列于《通书》篇首，张栻很同意这样的结构，他在严陵学官刊刻了包括篇首的《太极图说》的《通书》，并撰有《“通书”后跋》。

为了强化对周敦颐的历史记忆，湖南地区的士大夫、乡绅等采取刊刻周子遗著、创办濂溪书院、设置濂溪专祠等方式，使得人们对周敦颐的记忆越来越深。湖湘士大夫对周敦颐的文化诠释，是从儒家学说的普遍性与湖湘文化的地域性两个方面阐发的。其实，湖湘文化建构的目标，恰恰是要建设一种既有天下普遍性、又有鲜明地域性的区域学术文化。所以，湖湘学人对周敦颐的文化诠释，正是为了实现这一文化建构目标。

(杨中瑜. 永州日报. http://www.sohu.com/a/152979573_ 335547)

第五节　明清近代——走向辉煌[①]

在明代之前，元代是湖湘文化发展的一个低迷期。元朝因为是由游牧民族所建，其文化势能低于汉族。元朝统治者曾经甚至将大片的耕地变为牧场，使农业生产遭到极大的破坏。而且，元朝的蒙古贵族曾对汉民族采取歧视和高压政策，特别是对南人防范与压制得尤为厉害。故国内的经济、文化在原有的基础上一度出现严重的停滞和倒退。直至元世祖后期及成宗、仁宗年间，才开始注意吏治，与民休息，劝课农桑，并相应地采取一系列政策和措施，恢复和发展农业、手工业与商业，从而使社会经济重又向前发展。与前代比较，元代在制度文化的建设上出现了新的变化。元时，地方设行中书省，这是我国行省制度的起源。行省以下设道、路、州（府）、县各级。全国共有 10 个行省。湖南的绝大部分地区属湖广行省，一小部分属四川行省。属湖广行省的包括江南湖北与岭北湖南二道。江南湖北道包括岳阳、常德、澧州、辰州、沅州和靖州 6 路，岭北湖南道包括潭州、衡州、道州、永州、郴州、宝庆、武冈和桂阳 8 路，另辖茶陵、耒阳和常宁三个直隶州，共计是 47 个县和 12 个县级州。属四川行省的包括湘西的少数民族地区，即今之凤凰、永顺、桑植和保靖等地，均设土司管理，土司制度亦自此始。湖广行省的治所设在鄂州（后改名武昌），但元世祖至元十四年（1277）曾一度改为潭州（今长沙），不过到十八年（1281）复又迁往鄂州。

元代湖南也一度出现了人口骤增的现象。元初由于长期战乱，全国人口大幅度减少。但湖南因为不是抗元的主战场，江西移民不断进入，北方居民为逃避赋役和战乱，也纷纷徙入。于是便导致了全国人口锐减的同时，局部又急剧增长的现象的出现。据统计，元至元二十七年（1290），湖南所属 14 路 3 州的总人口达 571.9 万余人。当时新增加的人口多集中在洞庭湖区，这是因为这一带土地肥沃，耕作与种植的回报率高。如水稻和棉花二项，在当时已为全国的重要产地。可以说，人口的增长为

① 周秋光. 古代湖湘文化的形成与历史演变［J］. 湖南省社会主义学院学报，2009，01.

湖区的垦殖开发，以及以粮食和棉花为主的生产发展创造了条件。

元代湖南的精神文化建设，包括教育的发展与人才的培养，虽然比不上宋代的灿烂辉煌，但在某些方面也还是有着一定程度的发展。据记载，元代湖南地区重建、增修和迁建的路（州）、县学宫达21所，并重建了在南宋年间毁于兵火的长沙岳麓书院，维持了衡州的石鼓书院。元代湖南地区重建与修复的书院有8所，约占全国总数的16%。

元代的科举考试总共有20余次，湖南地区乡试中试者271人，成进士者143人，入选为官者86人，其入仕的比例在全国占8%。湖南各州县的进士以茶陵为最多，计20人。次为攸县（14人）、浏阳（13人）、兴宁（12人）、常宁（9人）、醴陵（7人）、衡山（6人）。其中衡山与兴宁各有状元1人（衡山何克明，兴宁曹一本）。官位最高的是浏阳的欧阳玄，曾授湖广省右丞。

湖南在元代的著名学者和专家有诗人史学家欧阳玄（浏阳人），诗人李祁（茶陵人）、胡天游（岳州人），词曲家冯子振（攸县人），民歌创作家陈泰（茶陵人），史学家陈仁子（茶陵人），经学家杨车舟（慈利人）、汤弥昌（浏阳人），理学家欧阳龙生（浏阳人），佛学家李道纯（武冈人）、蔡栖云（临湘人），道学家徐渊（永明人），画家冷谦（武陵人），医学家曾世荣（衡阳人）等。此外，元时湖南著名的宗教界佛、道人物有王真人（零陵）、妙铄（沅陵）、戴永坚（茶陵）和杨道圆（邵阳）等。

明代，政府在行政建置上仍袭元朝旧制。只是为了强化中央集权，在洪武九年（1376）改行中书省为承宣布政使司、提刑按察使司、都指挥使司，合称“三司”。三司鼎立，互不统率。布政使司仍称省。省下设道，道下改路为府，府领州、县。其时湖南地区仍属湖广省管辖，仍称湖南道。共有7府8州56县，还有土司18个。

与以前不同的是，湖南在明代成为朱氏王朝分封藩王的一个主要地区。朱元璋有3个儿子封在湖南，以后历代分封在湖南的王共达48人。分封的地区包括长沙、常德、衡阳、武冈、宜章、宁远、江华、绥宁、祁阳、常宁、永兴、安仁、泸溪、沅陵、麻阳、安仁和永明。其中，先后封在武冈州的王就达11人。

明代湖南接受移民的输入超过了以往的任何一个朝代，但其时移民的输入表现出与往常不同的特点。由于元末明初连年的战乱和兵燹，使得湖南的大片土地和田园荒废，庐舍为墟，原有的湖南境内的居民大批地逃往外省——主要是逃往四川。而随后，外省的居民——主要是江西居民以从征、屯垦、宦游和经商等方式，又大批地涌入湖南。这种情形，正好印证了民间所流传的那种“江西填湖广、湖广填四川”的说法。据谭其骧先生依据地方志资料统计：宋朝起迁入宝庆府和靖州、湘阴的氏族共704族，土著只有9族，外来移民知原籍者517族，不知原籍者63族，不明者115族，其中由江西迁入者324族，占知籍总数的63.1%①。另据民国《沅陵县志》，也称其境内居民“十之九皆江西人”（民国《沅陵县志》卷六）。由上可见，湖南居民的族源与血缘，在明朝中晚期又进行了一次较大规模的更新。不过明代湖南人口的数量，却比前朝减少了许多。据不完全统计，湖南在明万历六年（1578）7府8州（不包括湘西南的18个土司）的人口大约只有191万。

明代湖南的社会经济较之前代无疑有重大发展。首先是农业的发展。由于采取招徕流亡、奖励垦荒的措施，又重视农田水利建设和改进农业生产技术，使得湖南地区各府、州、县，特别是洞庭湖区一带的粮食生产获得丰收。宋代曾有“苏湖熟，天下足”之谣，指的是长江三角洲的苏州、湖州一带粮食生产发达，自给有余。而到了明代中期，谚语则称“湖广熟，天下足”，表明其时湖广已取代了苏湖，在粮食生产方面已在全国占有举足轻重的位置（当然，在湖广省内，湖北的粮食生产水平又比湖南要高）。其次是手工业和商业也有较大发展。明朝中晚期在长江下游和苏杭一带，手工业部门已稀疏地出现了资本主义因素的萌芽。湖南地区与这些地区相比相对落后，资本主义萌芽还谈不上，不过手工业和商业的繁荣超过了往昔，却是显而易见的。例如，纺织业的发展，湖南地区各州县均出产绢、绫、丝和棉布，其中棉布尤多且普遍。长沙府自明景泰七年（1456）始，每年以20万石粮食折征20万匹棉布，一半解京库交纳，一半留府备用。制瓷业已由岳阳、长沙、衡阳等湘中发达的地区向湖南的边远地带扩展。20世纪80年代，考古工作者在怀化发现了龙井窑，通过考察其青花瓷的烧制工艺，认定较宋、元时代均有新的改进。其他如造纸业，也出现了诸如长沙府的浏阳纸、衡州府的耒阳纸等一些名优产品。商业方面，湖南地区已出现了一些商业重镇与贸易中心。如岳州府的巴陵，因其濒临洞庭、长沙，成为湖南北面的重要门户和沟通巴蜀与东南苏杭一带的枢纽。地处沅水下游和洞庭湖滨的常德府城武陵，已成为湘西的门户和周边市镇贸易的网络与货物集散地。位于湘江之滨的长沙府

① 谭其骧. 湖南人由来考［J］. 方志月刊，9卷，09，10.

城，明中期已有人口42万，它连接南北与东西，是湖南地区最大的商业城市。在交通上，明代由于开通了黔滇，使得湖南的交通地位也比过去大大提高。其时南、北商贩欲入滇、黔，必须取道湘沅或“就湘沅舟运以往”。这样一来，湖南便一改往日那种边鄙的面貌和蛮夷的形象，开始进入汉文化的腹地范围。据载，沅水流域，尤其中上游，进步最为明显。如辰州，时人咏道：“雄城百雉控蛮荒，山翠高低护女墙。万里梯航通六诏，五溪烟水下三湘。边氓久已渐华俗，远客频仍望帝乡。地气于今同北土，旱秋时节雨生凉”①。又如沅州，因其地处西南交通的丁字路口，这里向为“五溪古荒服，连延列边墉”，但“自从启明运，便已变华风”“民俗竟佳节，适与中州同”②。总之，由于交通格局的变迁，使得湖南地区的边陬蛮荒得到迅速的开发，所谓“风土往时为异俗，车书此日混遐荒”。沅水上游尚且如此，湖南的其他地区可想而知。

明代湖南的学校教育远比元代发达。元末被兵燹损坏的学宫和书院在明代都陆续得到恢复，并且还兴建了不少新的学宫和书院。

特别是书院，在嘉靖年间兴建最多，约有25所。书院教育的发展促进了人才的兴盛。明代举行了会试82场，湖南进士题名者达541人，其中状元、榜眼、探花各1人，分别为华容的黎淳、安仁的邓伟奇、临武的曾朝节。这些进士中官至显位的有在正统年间担任兵部尚书的宜章人邝埜；在天顺年间担任两广总督的汝城人朱英，担任礼部尚书的华容人黎淳；在正德年间担任兵部尚书的华容人刘大夏，担任太子太保、户部尚书、谨身殿大学士的茶陵人李东阳；在嘉靖年间担任太子太师、左柱国、华盖殿大学士的巴陵人杨一清，担任太子太保、礼部尚书、文渊阁大学士的茶陵人张治，担任户部尚书的巴陵人方钝；在万历年间担任户部尚书的临武人刘尧海，担任礼部尚书的临武人曾朝节；在天启年间担任礼部尚书的湘潭人李腾芳；在崇祯年间担任户部尚书的临湘人杨一鹏，担任礼部尚书兼东阁大学士、入参军机仍掌兵部事的武陵人杨嗣昌（不是进士出生在洪武年间而以监生升迁至兵部尚书者尚有衡山人茹瑺）等。与前代相比，明代湖南的人才格局已有新的突破，用晚清湖南经学家皮锡瑞的话说是“骎骎始盛”③。其时可称道的文学人物，在明前期有文学家、诗人茶陵人刘三吾，湘

---

① 张伟然. 湖南文化的发展过程［J］. 中国史研究，1996，02.

② 张伟然. 湖南文化的发展过程［J］. 中国史研究，1996，02.

③ 皮锡瑞. 师伏堂未刊日记［J］. 湖南历史资料，1959，01.

阴人夏原吉，攸县人王伟；在明中后期有茶陵人李东阳、郴州人何孟春、巴陵人杨一清、宜章人邓庠、善化人黄学谦、益阳人郭都贤等。可称道的经学家有益阳人罗敦仁、罗喻义父子，有衡阳人王介之（王夫之长兄）、临武人曾朝节等；史学家有湘潭人周圣楷、茶陵人谭希恩、醴陵人唐寅、华容人严首升和孙宜等；地学家有华容人黎淳、攸县人陈论、长沙人魏焕、衡州人杨佩、善化人吴道行等。值得一提的还有明正德二年（1507），对程朱理学持批判态度的“阳明学”创始人王守仁贬谪贵阳时途经湖南，曾应邀在湖南醴陵的靖兴寺、泗州寺和岳麓书院讲过学。其后，王派弟子季本、罗洪先、张元忭、邹元标亦在湖南大倡其师门之说，有力地推动了王学在湖南的传播。王学在湖南传播的结果是与湖湘学融合，最终使得湖湘学和王学都得到了改造。同时，王学在湖南的传播对于后来王夫之学术思想的形成也有一定的影响。

但是，同样也不能对明代湖湘文化的发展程度估量过高。明代湖南在国内的排名其实仍然还是十分落后的。与邻近的江西和湖北比较，一部《明史》列传中的人物，江西 385 人，湖北 157 人，而湖南只有 63 人。黄宗羲《明儒学案》中有专传及附载的重要人物，江西 55 人，湖北 5 人，湖南仅 2 人。又钱谦益的《列朝诗集小传》中的人物，江西 102 人，湖北 26 人，湖南才 15 人①。

清代是湖湘文化空前发展的新阶段。造成其空前发展的原因很多，首先，湖南的单独建省是湖湘文化空前发展的先决条件。清沿元、明旧制，在地方仍建行省，省下仍设道、府（直隶州、厅）和县（散州、厅）各级，但省制的设置和管理较前有了重大变化。其次，调整了部分省区的划分，每省设一巡抚，原布政使与按察使都变成巡抚的属员。第三，一省或数省设一总督，管理军民政事，而以管理军务为主。湖南在清初尚属湖广总督和湖广布政使司管辖，总督、布政使均驻武昌。但到康熙三年（1664），中央便将原湖广行省一分为二，分设湖北布政使司和湖南布政使司。在设湖北巡抚的同时，将原设于沅州（今芷江）的偏沅巡抚移驻长沙。雍正二年（1724），正式将偏沅巡抚改名为湖南巡抚，是为湖南建省的经过。新建的湖南省不同于唐代的湖南观察使、宋代的荆湖南路、元代的岭北湖南道以及明代的湖南道，而是除上述各湖南观察使、路、道所领的湘中和湘东及湘南地区之外，还将明末直属于

① 马积高. 明清时期湘、鄂、赣文化的比较与清后期湖湘文化勃兴的原因//周秋光. 湖湘文化宏观研究［M］. 长沙：湖南师范大学出版社，2001.

湖广行省的岳州、常德、辰州、靖州以及直属于湖广都司的永顺、保靖两军民宣慰司，即今湘北、湘西的广阔地区都一并划入。这样，今天湖南省区的范围，早在清康熙三年就已经基本确定了，略有不同的只是建省时靖州领有天柱县（即今镇远地区），在雍正四年（1726）划归了贵州。新设的湖南省区共有7府（长沙、衡州、永州、宝庆、岳州、常德、辰州）2州（郴州、靖州）和2个军民宣慰使司（永顺、保靖州），共辖6州57县又18个土司①。与过去相比，它不再依附于湖北，这就使它有可能形成自己的重心和规模，从而为湖湘文化的进一步发展创造条件。

其次，湖南人口的大幅度增长是湖湘文化空前发展的基本动力。湖南自宋以来，主要接受来自江西的移民。元末明初，江西移民湖南出现了第二次高潮，明末清初是第三次高潮。大约从乾隆中叶起，湖南的人口便突发式地增长。据统计，由于战乱与灾荒，清康熙二十四年（1685），湖南的人口曾比明朝减少，只有121万余。但至乾隆十一年（1746），即剧增至1354万人，至道光二十年（1840）鸦片战争前，更增长为1989万人。与明代的人口数相比，300年间增长了10倍②。

人口的增长，自然要促进经济的建设与开发。大批移民的进入，实际上最大限度地开垦了湖南的荒地，使耕地面积显著扩大。据统计，康熙二十四年（1685），湖南还只有13万余顷耕地，雍正二年（1724）即达30万顷多。乾隆三十一年（1766），更增至31.3万余顷。耕地面积的扩大，加上注重兴修水利，注重耕作方法的改进，推广双季稻，提高单位面积产量，又种植各种经济作物，诸如花生、红薯、玉米、桐油、茶油、棉花、苎麻和烟叶等，使得清代湖南的农业生产发展超过了此前任何一个朝代。明中期民间流行的“湖广熟，天下足”的谚语，到了清朝乾隆年间便一改而为“湖南熟，天下足”。大抵从乾隆初年开始，湖南的粮食生产水平就已赶上和超过了湖北。其他如手工业、矿冶业与商业以及交通，也都有相应的发展。在一些手工业部门，如岳阳地区的棉布生产行业，还出现了包买商，显示出资本主义萌芽的某些征候。

再次，教育的兴盛与两湖乡试的“南北分闱”是湖湘文化空前发展的重要因素。清代比明代更重教育，除恢复被战火毁坏的各地学宫和书院外，在康熙至嘉庆年间，

---

① 刘泱泱. 近代湖南社会变迁［M］. 长沙：湖南人民出版社，1994.

② 刘泱泱. 近代湖南社会变迁［M］. 长沙：湖南人民出版社，1994.

又在全省各地新建了71所书院。湖南在各府州县还广设义学，作为初级教育的场所。这些义学，每州县少则一所，多则十余所。同时遍及少数民族地区，教育的发展出现了前所未有的兴盛局面。

以前，湖南与湖北因同属一省，科举考试的乡试是实行两湖合闱。那时，湖南的士子要赶到武昌甚至更远的江宁去应试，其间不仅要经历旅途劳顿之苦与江湖风浪之险，在经济上还要花费巨大的一笔资金，非一般贫寒的家庭所能承受。加之湖南本属蛮荒，自身经济文化落后，士子见闻狭隘，文化根底亦不深厚。南北合闱的结果，是湖南的名额多被湖北占去。这种状况，引起湖南士人的普遍不满。自康熙三年（1664）湖南成为独立的行省以后，湖南的历任巡抚赵申乔、潘宗洛、李发甲及布政使宋致等人多次奏请“南北分闱”，终于被清朝采纳。于偏沅巡抚改称湖南巡抚的这一年，即雍正二年（1724）在长沙设考试院，是年第一次单独举行了湖南乡试，按朝廷议定分配给湖南乡试的中试名额，正取49名，副榜9名，又武举25名①。

教育的兴盛与南北分闱，导致了湖南人才群体的蔚起。大约从嘉庆朝开始，湖南参加乡、会试的中试人数，便较之前代有明显的增加。据载，清朝自顺治九年开科至道光二十年（1840）凡75榜（不包括咸丰至光绪朝），湖南成进士者达441人，中举者则达数千人。其中，官至总督、尚书、大学士的有陈鹏年（湘潭人）、彭维新（茶陵人）、杨超曾（武陵人）、陈大受（祁阳人）、罗源汉（长沙人）、刘权之（长沙人）、何凌汉（道州人）、赵慎轸（武陵人）、陶澍（安化人）、贺长龄（善化人）、易棠（善化人）、罗绕典（安化人）、李星沅（湘阴人）、劳崇光（善化人）、曾国藩（湘乡人）和左宗棠（湘阴人）16人；官至巡抚、布政使、按察使和学政的有方显（巴陵人）、张奎祥（华容人）、罗典（湘潭人）、周克开（长沙人）、严如煜（溆浦人）、杨健（清泉人）、周系英（湘潭人）、郑敦谨（长沙人）、唐训方（常宁人）、胡林翼（益阳人）、江忠源（新宁人）、郭嵩焘（湘阴人）、贺熙龄（善化人）、胡达源（益阳人）、俞东技（善化人）、严正基（溆浦人）、丁善庆（清泉人）、常大淳（衡阳人）、陈启迈（武陵人）、唐鉴（善化人）和何绍基（道州人）21人。这无论如何是以前不曾有过的现象。清末郭嵩焘曾称道湖南国朝“人文远过明代”，洵非虚言。

① 彭大成. 清朝两湖“南北分闱”与湖南人才之兴起［J］. 船山学刊，1996，02.

能够体现湖湘文化在清代空前发展的不仅仅是湖南在清代产生了一批重量级的科举政治人才，在思想学术上也有非凡的人物及其建树。这里首先要提到的是人所共知的衡阳人王夫之。王夫之的学问博大精深。他对中国文化传统中的经、史、百家之学以及释、道之学，都有研究并吸取，他可以说是中国思想史上的一位巨人。他的思想理论的核心仍是理学家的性理哲学。他自称是继张载之绝学，对程、朱等人之说有批评，亦多所继承；对陆、王之学批判极严，然亦有吸取。故他是对全部理学遗产都作了批判性的总结和继承，并在许多方面都做出了重要贡献的一人。如在人性论方面，他提出并论证了“理寓于欲中”“理欲皆自然”的命题，得出了“性者生理也”的结论；在知行观上，认为二者“相资互用”，不可分离，尤其突出了“行”在认识中的主导作用，摒弃批判了程、朱“知先行后”与陆、王“知行合一”的思想；在治学思想上，将性理哲学的探讨和经世致用结合起来，并将理学的基本范畴加以新的阐发，使之适应并推动了明末清初实学思潮的发展，为经世致用提供了理论根据。王夫之真正可以说是学究天人，其思辨之周密，可谓凌轹前人，并时无两。在他之前，湖湘子弟所推崇的先贤是周敦颐；在他之后，自从道光年间他的著作由新化邓显鹤为之刊布流传，他便取代了周敦颐，成为湖南人所崇拜的新的精神偶像。他的出现，不只是结束了过去那种空疏的高谈性理、不切实际的学风，更主要的是开创了一种将理学与经世相结合的新的学风。于是，湖湘文化便因王夫之而发扬光大。道光以后，倡导经世致用学风的多为湖南人。由政治家而首倡经世致用的有安化人陶澍；由崇尚理学而倡导经世致用的先有善化人贺长龄兄弟，继有湘乡人曾国藩等人；由今文经学家而倡导经世致用的有邵阳人魏源……总之，由于学风的转变，道光以后，湖湘文化可谓鼎盛。除产生了一批前已提到的思想家、政治家外，接踵而来的政治家、军事家和学者、作家成批涌现。历史学家谭其骧惊呼：“清季以来，湖南人才辈出，功业之盛，举世无出其右。”[①] 这种现象的成因，究其思想渊源，都与王夫之有着不可分割的联系。

清代湖南除了出现王夫之这一思想学术巨人，其他值得提及的文化、学术、科技人物尚有经学家李文炤（善化人）、王文清（宁乡人）、罗典（湘潭人）、车无咎（邵阳人）、王元复（邵阳人）、段起玲（新化人）、杨可震（新化人）、孙占鳌（零

① 谭其骧. 中国内地移民史——湖南篇［J］. 史学年报，1卷（4）.

陵人）；文学家及诗人陈鹏年（湘潭人）、张九钺（湘潭人）、唐仲冕（善化人）、吴檀（新化人）、欧阳辂（新化人）、郭步蕴（湘潭女诗人）；史学家黄本骥（宁乡人）、王万澍（常宁人）、邓显鹤（新化人）；地学家严如熤（溆浦人）、戴冠（宁乡人）、邓可策（新化人）、夏大观（湘潭人）；书画家髡残（武陵人）、易祖拭（湘乡人）；医学家周学霆（邵阳人）、常朝宣（长沙人）、陈贤书（长沙人）、张涖（善化人）、马眉（湘潭人）、曹嵩（清泉人）、杨盛芝（会同人）；天文学家许伯政（巴陵人）、吴家庆（石门人）、黎光秘（湘阴人）、谭学元（清泉人）、黄渌（长沙人），等等①。

自 1840 年以来的百余年间，中华民族面临亡国灭种的大危机大变局。1898 年 4 月 17 日，在一个挤满了二百多个读书人的院子里，康有为无比沉痛地说："吾中国四万万人，无贵无贱，当今日在覆屋之下，漏舟之中；如笼中之鸟，牢中之囚；为奴隶，为牛马，为犬羊，听人驱使，听人宰割。此四千年中二十朝未有之奇变。加以圣教式微，种族沦亡，奇惨大痛，真有不能言者也。"一席话道出亡国惨图，众人泪如雨下。

如何破解"数千年未有之大变局"（李鸿章语）？早在 1842 年，出于对鸦片战争失败的反思，湖南邵阳隆回人魏源提出了"师夷之长技以制夷"的战略思想，号召国人通过学习西方列强一切比中国先进的科技、制度、思想、文化等实现自强，以制服侵略中国的西方列强。受毛泽东称誉"予于近人，独服曾文正"的湖南湘乡人曾国藩、被潘祖荫赞为"天下不可一日无湖南，湖南不可一日无左宗棠"的湖南湘阴人左宗棠率先实践这个战略思想，掀起了轰轰烈烈的洋务运动。中日甲午战争北洋水师覆灭，宣告洋务运动破产后，在随之而起的维新运动中，湖南又涌现出被梁启超誉为"中国为国流血第一士"的"我自横刀向天笑，去留肝胆两昆仑"的浏阳人谭嗣同，以及与谭嗣同并称为"浏阳二杰"的唐才常。在接踵而至的辛亥革命中，被赞称"无公则无民国，有史必有斯人""革命自是先驱者，首义总领天下先"的长沙人黄兴；深受"楚虽三户，亡秦必楚"传统影响而取笔名为"三户遗民"、疾呼"欲新中国必新湖南"的长沙人杨毓麟；惊呼《猛回头》，敲响《警世钟》的"蹈海英雄"新化人陈天华；志在使中国"雄飞大地，西凌乎欧美，而东驾乎瀛海扶桑"的桃源人宋教仁；胸怀"湖湘人杰销沉未，敢谕吾华尚足匡""流血救民吾辈事，千秋肝胆

① 周秋光. 古代湖湘文化的形成与历史演变［J］. 湖南省社会主义学院学报，2009，01.

自轮菌”之志、打响护国战争第一枪、享有“国葬第一人”殊荣的邵阳人蔡锷……“维我湖湘，义烈最多，民国设立，实为先河”（黄兴1912年11月1日《祭湖南殉义烈士文》），一大批湖湘志士，“或谋未遂而身赴西市，或难未发而瘐死囹圄，或奋铁弹之一击，或举义旗于万夫，或声嘶去国之吟，或身继蹈海之烈”（孙中山语），为推翻腐朽落后的封建帝制做出了巨大的牺牲和贡献。

自鸦片战争爆发之始到“中华民国”草创之初，时间不足一百年。湖南涌现出来的人才，论质论量，有魏源、曾国藩、左宗棠、胡林翼、彭玉麟、曾国荃、王闿运、八指头陀、易顺鼎、叶德辉、齐白石、谭嗣同、熊希龄、黄兴、杨度、刘揆一、章士钊、宋教仁、蔡锷和沈从文等百余位英雄豪杰，他们在政治、军事、文化等诸方面，对20世纪的中国产生了重大的影响。毫不夸张地说，国家之兴衰和民族之存亡曾系于他们之身。①

在开天辟地的新民主主义革命中，湖南更是诞生了毛泽东、蔡和森、何叔衡、邓中夏、罗亦农、刘少奇、任弼时、李富春、陶铸、彭德怀、贺龙、罗荣桓、左权、周逸群、黄公略、段德昌、曾中生、粟裕、黄克诚、陈赓、谭政、萧劲光、许光达、王震、杨得志、宋任穷、邓华……这样一批空前的革命领袖人物和革命元勋，以及成千成万的革命先烈和共产主义战士。真是风云际会，英雄辈出，群星灿烂，蔚为奇观！像这么多的杰出人物在100多年内集中产生于湖南一省，这不仅是中国史上的一个奇迹，也是世界史上的一个奇迹！②

链接 1

唐浩明：守望湖湘文化（摘选）

20世纪90年代，一部皇皇巨著《曾国藩》，让湖南省作协主席唐浩明在中国文坛声名鹊起，之后的《张之洞》《杨度》更是让他名声远播，他的晚清三部曲奠定了他在历史文学界的地位，使他成为历史小说家中的翘楚。

---

① 周跃. 王开林散文《天地雄心》中的湖湘文化精神［J］. 现代交际：下半月，2011，02.

② 彭大成. 中西冲突交融中的湖湘文化（上、下卷）［M］. 长沙：湖南人民出版社，2010.

“四十而不惑”，孔夫子的这句话很好地在唐浩明身上印证了。40 岁那年，他正式拿起笔，站在自己多年来潜心研究和广泛收集的厚厚历史资料上，一气呵成《曾国藩》，向世人细致真实地描绘了晚清风云人物曾文正公。“不鸣则已，一鸣惊人”，文化积淀厚重的唐浩明一举成名。

大地：您是从什么时候开始文学创作的？

唐浩明：真正严格意义上的文学创作，还是从写《曾国藩》开始的。

……

曾国藩真是一个有着浩瀚内心世界的人物。用文学的方式来写，会把这个历史人物写活。于是，我决定还是写小说。

大地：通过看您写的小说，曾国藩的一生也是历经磨难，历经坎坷，而他的思想也是复杂的，甚至经历了痛苦的转型，那么您对他整个一生的思想有怎样的评价？您觉得从思想上来说，曾国藩是怎样的一个人？

唐浩明：他应该说是集中国传统思想之大成者，承前启后，我们把他放到中国几千年的文明进程的历史中来看，他应该是一个旧时期的终结者、新时期的开创者之一。洋务运动实际上就是拉开了这个序幕。咸丰十年十一月，曾国藩给朝廷写了一个奏折。学术界认为这道奏折是拉开洋务运动序幕的标志性文献。

大地：他应该是一个改革者，而不仅仅是一个传统意义上的儒家。

唐浩明：对，他是一个事实上的改革者。作为传统文化的代表性人物，我们从曾国藩身上可以看到中国传统文化是可以不断开新的。过去老说中国文化是个相对保守的文化，其实不是这样的，我们从曾国藩身上可以看到这一点。

一个真正领悟中国传统学问的人，是能够与时俱进的。从这一点来说，我认为研究曾国藩，对我们是很有启示的。

大地：另外，我们注意到，曾国藩不仅仅是一个思想和文化的倡导者，他还是一个实践者，他在实践方面，做得非常好，所以他还是不同于一般纯粹的学者。

唐浩明：曾国藩的实践，主要有这么两点：一是在当时国家处于一片混乱、秩序颠倒的时候，怎么样才能重建一个正常的秩序，这是他努力做的；二是国门打开以后，发现从世界视野来看，中国已经全面落后了，那么怎样寻找一个正确的途径，使我们国家走出困境。这是最值得我们今天来研究的。

……

大地：我们一般说到湖湘文化，都要说到曾国藩，而说到曾国藩，都要说到湖湘文化，您多年对曾国藩有这么深的研究，那么您对湖湘文化的渊源、曾国藩对湖湘文化的贡献以及湖湘文化的未来走向是怎样看待的？

唐浩明：关于曾国藩对湖湘文化的贡献，我曾经有专文论述。其实我们今天湖南人在谈湖湘文化的时候，主要说的都是近代湖湘文化。当然，我们也会说到湖湘文化的源头，从屈原、贾谊那里说起。

今天大家谈得比较多的湖湘文化，比如现在湖南人喜欢说的湖南精神：心忧天下、敢为人先、坚毅顽强、敢于牺牲等，在湘军时代表现得最为明显，也最有亮度。因为有了湘军，湖南于是从长期封闭的状态中走出来，影响中国，甚至影响世界。

大地：我觉得湖湘文化不仅有“以天下为己任，敢为天下先”的内涵，同时还具有开放性和进取意识。正如曾国藩六世嫡孙曾樾所讲的，湖湘文化有个很大的特点就是性格的血性和思想的睿智，这是一种精神。

唐浩明：对，我曾经把湖湘文化简单地概括为血性文化。我曾在一个重要的文化论坛上有一个发言，就是讲湖湘文化是中华文化里面的一个地域文化，简单地说，湖湘文化就是一种血性文化、血性精神，尤其在近代，这一方面体现得非常明显。

大地：湖南卫视一直以来非常关注曾国藩和湖湘文化。前几年，湖南卫视拍的电视剧《血色湘西》，非常能够体现湖南人的血性精神。

唐浩明：湖南人非常具有大义和血性。抗战时期，湖南境内五次正面战场上，中国军队以 180 万血肉之躯与 20 万人伤亡的代价抗击外侮。你看长沙，文夕大火，对长沙破坏很大，但是我们从另外一个角度来看，只有湖湘文化培育出来的湖南，才敢于做出这样悲壮的选择。长沙为什么会变成一片焦土？其原因还是出于抗战。你想，这个事情发生在长沙，说明了什么？说明了湖南人的血性。明明知道长沙是两千年的文明古城，但当时是为了抗战民族大业，还是不得不做出牺牲。

大地：您作为曾国藩的研究者，您认为曾国藩文化对我们后人乃至国家发展有何积极意义？

唐浩明：我内心深处最大的感触是，我从中国传统文化这个角度来研究曾国藩，我由此得出的一些认识能得到社会的认可。为什么对曾国藩的研究，大家能够很好地认识和接受？其实，有很多思想家和学问家，他们在对中国文化的理论思考上，要比曾国藩更深刻、更丰厚，但是他们没有曾国藩的那种巨大的实践成效。曾国藩能把事业做成功。曾氏的精神和内涵，对当代精英有直接的吸引力。所以，曾国藩这个人物，他们很喜欢，他们也愿意从他身上找到当下所需要的东西。曾氏的精神和内涵是建立在中华文化的背景上的。曾国藩好比一座桥梁，我们通过这座桥梁能走向中华文化的高层面。从这点上看，他对我们后人乃至国家的强大发展都有积极的意义。

(http://ishare.iask.sina.com.cn/f/32cIx07Oy5B.html)

链接 2

朱汉民：近代湖湘文化

记者（蔡栋）①：那么，湖湘文化发展的高峰是什么时候？

朱汉民：纵观湖湘文化发展的历史，我们可以鲜明地看到两个高峰期。第一个高峰期是两宋，在中国文化的三重演进的背景下，奠基、发展出理学型的湖湘文化，湖湘学者走在学术文化的前沿，使湖南成为独具特色的“理学之邦”。第二个高峰期是清初至民国的300年间，由于中国社会的急剧变革，湖湘士人能在这重大的社会转型时期，实现文化的转型。他们再次站在文化变革的前沿，推动中国的近代化进程，近代湖湘文化在这场近代化运动中发出耀眼的光彩。

记者（蔡栋）：您认为近代湖湘文化最突出的特色是什么？

朱汉民：有两点：其一是思变。由于湖湘知识群体感悟到了正在发生的巨大变化，明清之际的王船山倡言：“道莫盛于趋时”。这是湖湘文化求变的历史信号。魏源等近代湖湘学者坚决冲破顽固派的“祖宗之法不可变”的陈腐观念，强调只有变法才是出路，推动着湖湘文化的转型。

其次是求新。中国近代化的起步，是从引进西学、西艺，兴办新式学堂和近代工业开始的。魏源是国内最早倡导改革开放、并喊出“师夷之长技以制夷”的口号者，而曾国藩、左宗棠等湘军头目，则是以自己的社会政治实践实施“师夷长技”，他们就成为中国近代化运动的第一阶段——洋务运动的领袖人物。甲午海战以后到辛亥革命之间，中国先进知识分子进一步倡导学习西方、进行社会政治制度的近代化变革，

① 蔡栋. 湖湘文化访谈［M］. 长沙：湖南人民出版社，2005.

湖湘士人再次成为这场运动的倡扬者、领导者和实施者。他们在湖南创办传播西方政治文化的新式学堂，编辑出版宣扬维新的报刊和图书，以推动中国的君主立宪制度、民主共和制度的建立。从辛亥革命到五四新文化运动期间，则是要实现观念文化的近代化，具体而言，就是建立以科学、民主为标志的近代型新文化。在新文化运动中涌现出一种超越旧民主主义文化的新思潮——马克思主义思潮，湖南涌现出一批重要的马克思主义者如毛泽东、蔡和森、李达等，他们在湖南宣传、传播马克思主义新文化，使湖湘文化的近代化能向着最新的、最高的层次发展。

链接 3

与时俱进：近代湖湘人士的追求

唐浩明

几乎没有哪个读过书的中国人不知道近代史上有一句名言：师夷之长技以制夷。这句说在鸦片战争期间的话，能深深地留在国人心中不是没有道理的，它是在国家遭受到侵略欺凌时的另一种思考。事实证明，中国只有顺着这条路子思考下去才有出路。说这话的人是谁？他就是湖南隆回人魏源。

当代的年轻人大都以出国留学为荣，但若问最先提出官派留学设想的是谁，可能许多人都回答不出。此人不是别人，乃是这10多年来尽人皆知的曾国藩。同治九年，曾国藩在处理天津教案、目睹法国公使仗势欺人的凶恶气焰时，心里萌发了一个想法。第二年，他与门生李鸿章一道给朝廷上了一道奏折："拟选聪颖幼童，送赴泰西各国书院，学习军政、船政、步算、制造诸书，约计10余年，业成而归，使西人擅长之技，中国皆能谙习，然后可以渐图自强。"毫无疑问，依靠受过西方科学教育的人才来使中国渐图自强，乃是为拯救中国开出的一剂有效药方。实行了两千年的封建制度，愈到后期愈成为社会发展的障碍，好不容易被辛亥革命所推翻，然而四五年后，袁世凯又要恢复帝制登基做皇帝。就在中华民族再次遭遇危难的时候，有一个人敢于凭三千弱兵要为四万万人争得尊严。他登高一呼，果然天下响应，几个月后袁皇帝便一命呜呼，"复辟帝制"成了一场春梦。这个敢为天下先的人是谁？他就是湖南邵阳人蔡锷。

魏源、曾国藩、蔡锷三人分别从科技、教育、制度三个方面，推进了中国走向世界的近代化历程。探讨一下他们的所思所为，可以发现这里有一个共同的思想基础，即顺应人类社会的发展趋势，合乎时代的前进潮流。

其实，顺应潮流，不仅是上述三人所思所为的特色，也是近代湖湘士人的共同追求。从陶澍改革盐政、开创海运，贺长龄策划《皇朝经世文编》，到左宗棠创办马尾船政局；从郭嵩焘首开中国出使西方之先声，并勇敢地提出学习西方的政治制度，到彭玉麟为郑观应的《盛世危言》作序，替这部惊世之作鼓吹呐喊；从谭嗣同冲决罗网维新变法，到黄兴、宋教仁等集会组党，以革命手段推翻帝制建立共和，直至毛泽东和他的战友们亲手创建一个新世界。湖湘士人救国救民之路上的每一个里程碑，都可以让人清晰地悟出“与时俱进”的真谛来。

近代中国处于一个震荡与剧变的时代，士人中明显地出现顽固守旧、袖手旁观、与时俱进三种不同态度的群体。令人瞩目的是，湖湘士人中的优秀分子大多取与时俱进的态度。他们自觉地投身于时代激流，并常常能敏锐地看出时代潮流的发展方向，敢于为天下之倡导，为众生之嚆矢，因而成为一时之豪杰，有的还成了千古英雄。即便是顽固守旧派，也并非都顽固到底，如反对维新变法的头面人物王先谦，几年后便热心办实业，他和几个富商一道，集巨资创办阜湘矿务总公司，以花甲之年出任公司董事，成为近代湖南文人“下海”的第一人。

为什么湖湘士人普遍具有这种见识和品性？探求其历史渊源，恐怕要归之于湖湘文化的培育和熏陶。

诞生在北宋末期的湖湘学派，以“匡济时艰”“经世致用”作为治学的最高目标而卓然于世，又经朱熹、张栻等人的力倡而作为一种学风世代相传，滋润历代士人的心田。湖湘学说传到明末清初王夫之的手里，更是集前人之大成，巍然而为一座学术高峰。乾隆朝编《四库全书》，王夫之有四种名著入选，他的学问始为世人所知。道光年间，其后人刻印全集百五十卷，船山著述得以大为流播。到了同治初期，曾国藩兄弟以显赫地位雄厚资金重刻夫之全书，增益卷帙，扩大印数，船山学说得以大倡海内。自然，它对湖湘士人的影响更为直接而深远。

船山学说的精华，我以为突出地体现在论人与时的关系。他说：“善其救者，因其时也。”“随时之义大矣哉!”又说：“《易》曰，变通者，时也。”“得天之时则不逆，应人以其时则志定。时者，圣人之所不能违也。”还说：“夏、殷、周治法相仍，而犹随时以损益，况郡县之天下迥异于三代者哉?”故“时变而执其常，则不中而非礼，不宜而非义”。

湖湘士人的代表谭嗣同曾说过这样的话：“五百年学者，真通天人之故者，船山一人而已。”我在新近出版的历史小说《张之洞》中写了一个情节：张之洞问谭嗣同用整整一年的时间通读了王夫之的书后，有什么特别的体会。谭嗣同答，船山的书体大思精，自己尚未入其门，若说体会倒有一点，那就是船山著述一生，无非是要向世人阐述他的一个信念，即人当与时共进。我写的虽是小说，但借谭嗣同的口，用“与时共进”四个字来概括船山学说，却不是瞎编的。

与时俱进，作为一种学派的精粹，曾经哺育了三湘优秀士人；同时，又在这些英才献身国事的过程中成为他们的人生追求。对于这笔宝贵的文化遗产，今天的湖南知识分子无疑应该继承和弘扬①。

① 蔡栋. 湖湘文化访谈［M］. 长沙：湖南人民出版社，2005.

第二章

湖南精神

——湖湘文化的灵魂与精髓

第一节　自强不息的奋斗精神

《周易》曰："天行健，君子以自强不息；地势坤，君子以厚德载物。"这是湖南人很好的精神写照。

湖南，地居长江南部的湘江流域，简称湘，在传说的《尚书·禹贡》九州中属荆州，春秋战国时属楚国，为南楚。远古时，楚族先民从西南一带转徙迁来，在此开辟草莽，艰苦创业。湖南与长期作为政治经济文化中心的中原地带相比，环境相对艰苦。"湖南之为省，北阻大江，南薄五岭，西接黔蜀，群苗所萃，盖四塞之国。其地水少而山多，重山叠岭，滩河峻激，而舟车不易为交通。顽石赭土，地质刚坚，而民性多流于倔强。"（钱基博《近百年湖南学风·导言》）与各种各样的自然灾害作斗争，在艰苦的环境中磨炼，逐渐形成了湖南人自强不息的奋斗精神。

湖湘文化自强不息的奋斗精神，还来自西周以来的南北文化的对立。在西周一统天下、分封诸侯之时，唯有周以"上天之子"身份称王，受封的诸侯国君只能以公、侯、伯、子、男等爵位相称，谁称王就是僭越，要冒周天子和诸侯国讨伐的危险。所以，北方各诸侯国几百年内不敢称王。

楚国开国之君熊绎当时受封楚地时的爵位是子爵，并处于最偏僻的南方之地。因此，楚国国君对周朝一直不服气。而楚人也长期被中原视为披发左衽的野蛮人。于是，楚国人奋发图强，建立了与中原文化不同的楚文化，并开疆拓土。惹得周王多次"奋伐荆楚"。周昭王时，楚国基本并吞南方，频频用兵于南方周的属国。周王大怒，召集天下军队，大战于楚。最终，周朝联军败于汉水，周王溺毙。《史记》上说："昭王南巡狩不返，卒于江上。其卒不赴告，讳之也。"周败，不敢用兵于楚，于南方封申、邓、息三国专事抗楚，自此，周、楚相安。

到了楚武王熊通一代，楚国已经在长江流域成长为南方的唯一霸主，楚武王熊通是一个具有雄心壮志的君主，是楚国勃兴期的开创者。公元前 740 年，熊通成为楚君，封号为公。其时，楚国的综合国力已经非常强大，只有晋国可以和其相提并论。

楚武王熊通想通过伐随，并迫使随代为向周请“王”这种尊号《史记·楚世家》：“我蛮夷也。今诸侯皆为叛相侵，或相杀。我有敝甲，欲以观中国之政，请王室尊吾号。”周天子当然不允许。熊通怒曰《史记·楚世家》：“吾先鬻熊，文王之师也，蚤终。成王举我先公，乃以子男田，令居楚，蛮夷皆率服，而王不加位，我自尊耳。”于是，楚武王自称王，为“南方天子”。

楚武王称王对于楚国来说具有非常重大的发展意义，以前没有称王的时候，楚国的一举一动都要请示周天子，称王之后，楚武王可以随心所欲的整合南方诸国，拉开了统治长江流域的战争序幕，楚国也随即进入了发展的快车道。因此，楚武王之后成为楚国的“勃兴期”。

战国后期，楚国的实力相当之大，但最终还是被秦国灭掉了。司马迁在《史记·项羽本纪》中写道：“夫秦灭六国，楚最无罪。自怀王入秦不反，楚人怜之至今，故楚南公曰‘楚虽三户，亡秦必楚’也”。

“楚虽三户，亡秦必楚”中的三户学术界有三种解释：第一种说法是指地名，是楚人的宗庙，位于湖北省十堰市丹江口水库一带，历史上这里有楚国的三户城。第二种说法是指楚国三大姓，屈、景、昭。第三种说法是比喻三户人家，比喻力量小，决心大。不管哪种解释，楚人自强不息的奋斗精神是不能否认的，这之后反秦战争中楚人的杰出表现就充分证明了这一点。

楚人的不甘人后、自强不息的奋斗风尚，成为湖湘文化的深层血脉，代代传承。

近代以来，中西文化面临急剧的冲突，中国文化节节败退，中国面临“三千年未有之大变局”。湖湘精英以天下为己任，前赴后继，起到了中流砥柱的作用。湘潭人杨度在《湖南少年歌》中写道：“中国如今是希腊，湖南当作斯巴达。中国将为德意志，湖南当作普鲁士……凭兹百战英雄气，先救湖南后中国……若道中华国果亡，除非湖南人尽死。”

近代中国的自强运动，大致经历了四个阶段。第一阶段为洋务运动；第二阶段为维新变法；第三阶段为资产阶级革命；第四阶段为新民主主义革命。这四个阶段湖南人每一次都站在最前列。

第一阶段洋务运动。邵阳人魏源提出的“以夷攻夷”和“师夷之长技以制夷”的观点，是洋务运动的指导思想。曾国藩（1811—1872年）是理学大师、军事统帅，又是洋务派的首领。曾国藩于1852年创办湘军，在治军期间，认识到西方科技的重要，遂于1861年兴建近代第一家军工厂——安庆内军械所。湘军将领左宗棠（1812—1885年）于1862年创办了第一个船舰制造机构——马尾船政局。曾国藩其后在上海创办江南机器制造局，并且设立翻译馆，在引进国外人才的同时，培养造就了一批外交人才、外事人才。洋务运动是民族自强运动的先河。

第二阶段维新变法。以谭嗣同、唐才常、熊希龄为代表的湖南维新志士，是全国变法维新运动的左翼激进派，在湖南建学堂、办报刊、设学会、倡办近代工矿企业，使湖南成为“全国最富朝气的一省”（范文澜：《中国近代史》上编）。可以说维新的前线在北京，大本营在湖南。

第三阶段资产阶级革命。长沙人黄兴（1874—1916年）是辛亥革命的实际领导者，1912年出任南京临时政府陆军总长，为建立“中华民国”立下赫赫战功。湘潭人刘道一（1884—1906年）在萍浏醴起义中英勇献身，是为革命流血的第一人。1911年，邵阳人蔡锷（1882—1916年）在云南发动新军响应武昌起义，被推为总指挥；1915年袁世凯称帝后，蔡锷打响反袁第一枪。此外，常德桃源人宋教仁（1882—1913年）被任命为“中华民国”法制院院长，被称为“宪政之父”。新化人陈天华（1875—1905年）一生救亡图存、忧国忧民、宣传革命、矢志不移，是辛亥革命时期杰出的鼓动家和宣传家。所著《猛回头》和《警世钟》成为当时宣传革命的号角和警钟。同盟会的创会元老凡79人，湖南占其1/4，达20人，其中黄兴和宋教仁、陈天华是主将。1905年同盟会成立的头两年，有会员979人，湖南158人，占16%，是入会人数最多的省份。在推翻清王朝的斗争中和后来的反袁护国斗争中，许多长沙志士为国捐躯，如蒋翊武、刘道一、陈天华、禹之谟、焦达峰、陈作新、黄兴和蔡锷等，他们都长眠在长沙岳麓山的苍松翠柏之中。

第四阶段新民主主义革命。湖南人是这场革命的主力军，军政界群星璀璨。从1921年中国共产党成立算起，在出席中共一大的13人中，湖南籍有4人（毛泽东、何叔衡、李达、周佛海）。在他们所代表的全国53名早期党员中，湖南籍的有20余名。胡耀邦在《庆祝中国共产党成立60周年大会上的讲话》中列举了46位杰出人物，湖南籍有16人，占34.8%。

1943年，延安五大书记有3个（毛泽东、刘少奇、任弼时）是湖南人。1945年中共七大的时候，中央委员40%是湖南人。在1955年9月授予的10位中华人民共和国元帅中，湖南人有3位（彭德怀、贺龙、罗荣桓）；在人民解放军的10位大将中，湖南人有 6 位（粟裕、黄克诚、陈赓、谭政、萧劲光、许光达）；在 57 名上将中，湖南人有 19 位（王震、苏振华、杨得志、萧克、宋任穷等）；在 100 多名中将中，湖南人有 45 位。

湖南还涌现了一大批党和国家的高级领导人，除最高领袖毛泽东外，有担任过国家主席的刘少奇和党中央总书记的胡耀邦；进入中央政治局常委的有任弼时、李富春、陶铸；担任过党和国家领导人的有李立三、林伯渠、李维汉、谢觉哉、蔡畅、彭珮云等。

厚重的历史文化，特殊的社会环境，形成了湖湘文化自强不息的奋斗精神。这种精神不仅在挽救民族危难，建立全新国家的过程中起到了关键作用，而且在现代化建设、实现中华民族伟大复兴的进程中，仍然起到积极的作用，是新时代我们应该继承和弘扬的宝贵精神财富。

第二节　心忧天下的爱国精神

湖湘文化心忧天下的爱国精神，无疑深受楚文化影响和屈原遗风的熏陶。同时，贬谪到湖南的迁客骚人，也强化了这种精神。

楚文化的杰出代表是屈原。司马迁认为：屈原精神包括“忠君、兴国、哀怨”。朱熹《楚辞集注》曰：“原之为人，其志行虽或过于中庸而不可以为法，然皆出于忠君爱国之诚心。”这是有史以来，第一次用“爱国”来评价屈原。《史记·楚世家》云：“楚之先祖出自帝颛顼高阳。高阳者，黄帝子孙，昌意之子也。”所以，“帝高阳之苗裔兮”，其本义应该是：我屈原是黄帝的子孙，应该是中华民族大家庭中的一员，理应分享黄帝子孙的光荣和权利，同时也应承担黄帝子孙应尽的责任和义务。豪言壮语，洋溢着诗人作为黄帝子孙的民族自豪感，更突出了诗人振兴楚国、统一中华的历史使命感。“长太息以掩涕兮，哀民生之多艰”是屈原爱民、重民、关注民生的真实反映。

古代的湖南被视为蛮夷之地，许多有着忧国忧民胸怀、治国安邦抱负的政治家和学者，在政治上受到诬陷或打击时，往往被贬谪、流放到湖南。他们在这里所写的诗文，往往都是抒发自己的政治主张和理想抱负；他们的际遇充满了浓郁的爱国主义精神。

湖南作为屈贾之乡，湘人精神从初始就带有一种悲壮、忧郁的色彩，也透露出中国最早的知识分子骨子里的参政意识和修身、齐家、治国、平天下的远大抱负。

屈原在湖南汨罗怀沙自沉百余年后，又一位政治家兼文学家贾谊被贬谪长沙。他上《治安疏》批评政治，写《过秦论》分析秦之成败得失，其忧国之心，不在屈原之下。他在长沙写下了汉赋名篇《吊屈原赋》，以屈原的遭遇自比，抒发胸中的愤懑。

自屈贾之后，心忧天下的爱国精神也一直是湖湘文化的主流。东汉末，“天下起兵诛董卓”，是“长沙子弟最先来”（唐吕温《题阳人城》）。

唐代因参与“永贞革新”失败被贬为永州司马的柳宗元，在永州关心民间疾苦，多施善政，并将自己的政治抱负蕴涵在诗文中，以致“衡湘以南为进士者，皆以子厚为师”（《柳子厚墓志铭》）。同被贬为朗州（今常德）司马的刘禹锡，勤政亲民，诗风豪放旷达，借诗嘲讽权贵。他在朗州所写的诗歌在民间广为流传，使“武陵溪洞间夷歌，率多禹锡之词”（《旧唐书·刘禹锡传》）。柳宗元、刘禹锡振世济民的道德文章为湖湘民众所敬仰。

宋代范仲淹写的《岳阳楼记》，对湖南人的影响更大。《岳阳楼记》既以“淫雨霏霏”的凄凉景象衬托“迁客骚人”“去国怀乡，忧谗畏讥”的伤感情绪，又写了“春和景明”时的欢快与得意。文中提出，有抱负、有理想的“仁人”不应以自己的得失为重，不应以个人际遇和环境的变化而悲、而乐，而应“不以物喜，不以己悲”。以君子的崇高风范超越个人的狭小精神世界，不论升降进退都不忘天下黎民与社稷。“先天下之忧而忧，后天下之乐而乐”成为中国古代知识分子的行为准则和座右铭。岳阳楼成了先忧后乐的精神象征，激励了历代湖湘士子以天下为己任的责任感。

湖南人心忧天下的爱国精神，还表现在抵御外侮、反对侵略的斗争实践中。南宋的湖湘学派在政治上有强烈的爱国主义思想，极力主张抗击金军，收复中原。湖湘学派创始人胡宏一身正气，视富贵如浮云，宁可隐居衡山过清贫的生活，也不与主张妥协的秦桧往来，拒不接受秦桧的召用。张栻把抗金复仇作为政治大纲，在他的影响下，不少湖湘学子投笔从戎，奔赴抗金战场。张栻高足吴猎，淳熙进士，后来成为“开禧北伐”的主要将领。战争开始后，吴猎以荆湖北路安抚使“节制本路兵马”，直接指挥战斗，显示了卓越的军事才能。

明末清初，湖湘文化的爱国精神在学术大师王夫之身上有集中的体现。明朝灭亡后，他在家乡衡阳抗击清兵。失败后，隐居石船山，从事思想方面的著述。晚年身体不好，生活又贫困，写作时连纸笔都要靠朋友周济。每日著述，以致腕不胜砚，指不胜笔。在71岁时，清廷官员来拜访这位大学者，想赠送些吃穿用品。王夫之虽在病中，但认为自己是明朝遗臣，拒不接见清廷官员，也不接受礼物，并写了一副对联，以表自己的情操：清风有意难留我，明月无心自照人。同时，王夫之提出了“扶长中夏”的口号，对传统的爱国主义精神作了创造性的发挥，超越了传统的忠君范畴，他认为国家和人民的利益大于“一姓之兴亡”。王夫之的爱国精神为湖湘学子代代传承。

左宗棠在青年时期就立下了大的志向。他自写对联："身无半亩，心忧天下；读破万卷，神交古人。"在科场失意后，关心国家，致力于经世济民之学。常以"今亮"自称，时人也常以诸葛亮比之。后任湘军将领，洋务派领袖。与曾国藩、李鸿章、张之洞并称"晚清中兴四大名臣"。在晚年时，率兵出师新疆，为维护国家领土完整做出了卓越的贡献。长沙县跳马乡左宗棠墓刻联语："汉业唐规西陲永固，秦川陇道塞柳长青"。

谭嗣同一生致力于维新变法，主张中国要强盛，只有发展民族工商业，学习西方资产阶级的政治制度。公开提出废科举、兴学校、开矿藏、修铁路、办工厂、改官制等变法维新的主张，是维新派中的最激进者。他为戊戌变法慷慨赴义的壮举感召日月。"同样是湖南人，同样是书生救国，稍早的曾国藩走到了传统人臣道路上的最高阶段，而菜市口引颈待戮的谭嗣同，则有一种以身殉道的悲壮。这种悲壮，终结了湘学经世致用精神在传统道路上的努力，开创了湖湘志士新的救国之路。"(《湘学溯源之媒体行谭嗣同：壮飞壮哉》)

湖南人在救国救民的道路上一直走在时代前列。辛亥革命时期，以黄兴、宋教仁、蔡锷为代表的资产阶级革命派是同盟会的核心，是多次武装起义的组织者、领导者。湖南是武昌起义后的首应之省，湖南人又是反袁护国战争的主要发起者和领导人。在新民主主义革命时期，湖南涌现出以毛泽东、刘少奇、任弼时、彭德怀、贺龙、罗荣桓等为代表的一大批无产阶级革命家，更是将心忧天下的爱国精神演绎得淋漓尽致，并将之提升到新的高度。

在不同的历史时期，湖南人都喊出了时代的最强音。这里面贯穿着一个共同的主题，即对国家、民族的热爱和强烈的责任担当。

第三节 百折不挠的进取精神

“百折不挠”，出自东汉《蔡中郎集·太尉桥玄碑》：“其性庄，疾华尚朴，有百折不挠、临大节而不可夺之风”。借用“百折不挠”来概括湖南人独特的群体性格，是对湖南人这种中国独无仅有的“霸蛮、血性”等特征的提升。

湖南话中有一个方言词汇，叫作“霸蛮”，它的意思就是知其不可为而为之。也可以说，霸蛮就是一个人挑战自己的极限。湖南人很欣赏“霸蛮”二字，认为自己是“霸得蛮”的人。湖南在古代本是一块蛮荒之地，这里的居民被称为“南蛮子”。也许这是外省人对湖南人的蔑称。不过，湖南人本身并不以“蛮”为耻，而是以“蛮”为荣。因为这个“蛮”字之中，就包含着湖南人的血性。蛮，就是不信邪，不怕鬼；蛮，就是天不怕地不怕；蛮，就是不撞南墙不回头，见了棺材不掉泪。

湖南人的霸蛮是有历史渊源的。湖南人的祖先是好斗的三苗。

炎黄时代结束以后，中原地区最强大的势力是华夏部落联盟，而南方最强的势力则是活动在长江以南地区的三苗部落联盟。“三苗”，湖南人的祖先，在古代史籍中又称“苗”“蛮”“南蛮”，相传为颛顼氏的后代。三苗部落从一开始就是一个不羁而好战的部落民族。尧、舜、禹在华夏部落联盟当首领的时候，他们率领自己的部落与三苗部落进行了长达百年的战争。

尧与三苗在丹阳大战，打败了三苗，但尧并没有跨过长江“宜将剩勇追穷寇”，而是采用分化的办法，用本身的文化去同化南方的少数民族。

舜将三苗迁移到南方和西南方，也是有记载可寻的。舜为了检验自己实行教化的效果，曾经南巡狩猎，到达湖南永州，死在那里，被安葬在湖南宁远的九嶷山，而这个地方就是零陵。

禹是舜的接班人，看到三苗在汉江流域、两湖流域的势力仍然很大，便集中各部落的力量大战三苗，战斗相当惨烈。他对南方的作战最后究竟打到了什么地方，似乎无从考证，但可以肯定，他的势力范围扩展到了江淮流域。三苗被迫继续向南撤退，开拓南方和西南方。相传后世在湖南、广西、广东以及云南、四川、贵州等地的苗族，其祖先就是三苗。

由此可见，湖南人的祖先就是一个不肯服输、喜欢与命运抗争的种族。在战败以后，他们受到压迫，不得不在一块被封闭起来的蛮荒之地吃力地讨生活。他们当然会思考自己的命运，会对压迫者挣扎反抗，也要与自然环境相抗争，由此而形成霸蛮的性格。湖南人的这种“霸蛮”，其本质是湖湘文化中的百折不挠的进取精神。用“百折不挠”来概括湖湘文化精髓，既能恰当地反映湖湘文化的传统特色，又有很深厚的历史依据。“亦余心之所善兮，虽九死其犹未悔”，屈原在《离骚》中表达了为追求家国富强，坚持高洁品行而不怕千难万险、纵死也无悔的进取精神。这种百折不挠的进取精神湖南人代代传承。

明末清初大思想家王船山是一个典型。他青年时代举兵抗清失败后，拒绝清政府高官厚禄的诱惑，誓死不降，专心从理论上探讨重振明朝河山的法门。据有人粗略统计，王船山在如此非人的艰险环境下一生著述达 100 余种、400 余卷、800 多万字。流传至今者还有 73 种，401 卷，470 余万言。这些著述经后人不断整理、流传，产生了极大影响。没有百折不挠的进取精神，王船山是很难取得如此巨大成就的。

近代史上，各类引领时代潮流、改变民族命运的才俊豪杰层出不穷。从“咸同中兴”到“戊戌变法”；从资产阶级革命到新民主主义革命时期，湖南人总能以大无畏的精神，百折不挠，积极进取。

曾国藩一介儒生，临危受命组建湘勇，历经千难万险，建成湘军。但初次出征，湘军水师在湖南靖港全军覆没，这是石达开一败曾国藩。后来石达开又二败、三败曾国藩。但曾国藩“屡败屡战”“打落牙齿和血吞”，最终平定太平天国。

曾国藩、左宗棠、彭玉麟等湘军将领，他们百折不挠，积极进取，扎硬寨、打硬仗、屡败屡战，最终成就了“无湘不成军”“中兴将帅，十九湖湘”的佳话。

戊戌变法时期，谭嗣同和他的战友们面对强大的保守势力毫不畏惧，无论办报刊、设学堂、立学会，均百折不挠、一往无前，终使湖南成为“全国最富朝气”之省份。戊戌变法失败后，谭嗣同本可以像康、梁一样外逃避难，但他拒绝友人的劝说，甘愿做“为变法流血”的第一人。

辛亥革命时期，以黄兴、宋教仁、蔡锷为代表的湖湘革命志士将百折不挠的进取精神发挥到了极致。黄兴组织策划多次起义，失败后愈挫愈勇。领导黄花岗起义失败后，他剖白心迹，句句掷地有声："此役明知不可为而为者，迫于革命存亡绝续之交，战则虽败，革命精神不死，国魂光辉照耀古今，是所以坚持否决展期之说，宁死于战场，决不未战先溃。"蔡锷在袁世凯称帝野心暴露时，毅然拒绝高官厚禄的诱惑首举护国大旗，以人数少、装备差之兵力与器械精良的十万袁军进行殊死战斗。据梁启超回忆，在与袁军战斗的头四个月里，蔡锷"平均每日睡觉不到三点钟，吃的饭是一半米一半砂硬吞"，但"全军将官兵卒个个都愿意和他同生同死，没有一个人想着退却"。（梁启超：《护国之役回顾谈》）没有蔡锷这种百折不挠的奋斗精神，护国战争的胜利是难以取得的。

在新民主主义革命中，湖南一大批革命家所表现出百折不挠的进取精神震烁古今。毛泽东是新民主主义革命的领袖，他领导的湘赣边界秋收起义举世闻名，在一定意义上是中国新民主主义革命取得伟大胜利的历史源头之一。但它并非一些人想象中的一路凯歌、捷报频传，而是一次屡屡受挫、愈挫愈勇的武装起义。秋收起义受挫时，毛泽东号召大家坚决以革命的"小石头"打破国民党反动统治那口"大水缸"。尽管秋收起义遭遇诸多挫折，却最终以百折不挠的奋斗精神开辟了一条适合中国国情的革命新道路。

在"左倾"错误路线统治时期，毛泽东多次受到不公正待遇。但他始终遵守党的纪律，注意维护党的团结和统一，不意气用事，不因个人的遭遇而影响党的工作，百折不挠，为全党做出了榜样。

毛泽东许多史诗般的诗篇中更是蕴含有强烈的无产阶级钢铁般的意志、百折不挠的奋斗精神。如："早已森严壁垒，更加众志成城""六月天兵征腐恶，万丈长缨要把鲲鹏缚" "红军不怕远征难，万水千山只等闲" "今日长缨在手，何时缚住苍龙"等。

百折不挠的进取精神，既有"楚虽三户，亡秦必楚""若道中华国果亡，除非湖南人尽死"式的使命感和"吾道南来原是濂溪一脉，大江东去无非湘水余波"般直冲云霄的豪气，又是湖湘文化"筚路蓝缕"、奋发图强的深刻写照，是湖湘文化在文化个体身上打下的文化烙印。湖南人正是凭着这种百折不挠的进取精神，在不同的历史时期为国家民族做出了不可磨灭、彪炳千秋的贡献。

第四节　舍生取义的牺牲精神

《史记·五帝本纪》载：舜帝“践帝位三十九年，南巡狩，崩于苍梧之野，葬于江南九嶷，是为零陵。”娥皇、女英为舜之二妃，舜出巡，死于苍梧，二妃赶至湘江，泪尽而亡。她们的泪水染竹成斑，故称“斑竹”。这大概是湖湘大地上发生的最早的重义轻生的故事。

“宁赴湘流，葬于江鱼之腹中。安能以皓皓之白，而蒙世俗之尘埃乎?”《渔父》成了屈原的绝笔，之后他自沉汨罗江，以身殉国。

“生，亦我所欲也；义，亦我所欲也。二者不可得兼，舍生而取义者也。”(《孟子·告子上》)湖南人“舍生取义”的“义”就是国家民族的利益。正所谓“捐躯赴国难，视死忽如归”。湖南历代贤哲倡导的这种“舍生取义的牺牲精神”，对湖南人的精神和社会风气产生了极深远的影响。

在民族危亡的紧要关头，在决定中国政治命运的关键时刻，对待生与死的抉择，湖湘先贤大义凛然，慷慨悲歌。

北宋“靖康之难”发生后，湖湘学子很多人直接投入到抗金斗争中，醴陵人吴猎参加开禧北伐，屡立功勋。衡阳人赵方嘉定年间驻守襄樊，表现了高度的爱国热情和牺牲精神。

南宋末年，元朝数万大军围攻长沙，潭州知州兼湖南安抚使衡阳人李芾在长沙城，他日夜巡视，深入兵民之中，勉以忠义，苦守孤城三月之久，直到矢尽粮绝。城破时，李芾全家19口从容自尽。在岳麓书院读书的数百学子，与元军展开了搏杀，大部分献出了生命。据《宋史》四五〇卷《忠义传》记载，长沙百姓在城破后，亦坚强不屈，誓死不为元军俘虏，“多举家自尽，城无虚井，缢林木者，累累相比”。衡阳人杨霆，任江陵通判，因母丧返湘。在潭州协助李芾守城。元兵进城后，他与妻妾相继投水自尽。长沙人尹谷，城陷之际，以儒者冠服端坐庭中，妻子侍立于侧，举家自焚而死。就连老百姓，在城破之后多有举家自缢者，誓死不做亡国奴。

明中后期，湖南湘西的士兵开赴东南沿海抗击倭寇，喋血沙场，成为近代中国人民抗日斗争的先声。明末清初，湖南境内又成为南明政权抗清的主要战场之一。湖南的文人士大夫与江浙地区一样，纷纷踏上征程，王夫之、夏汝弼、管嗣裘等人就是其中的杰出代表。管嗣裘最后满门罹难，体现了忠君爱国的英雄主义气概。

明末清兵入关，明朝覆亡，时任明代岳麓书院最后一任山长的吴道行，悲愤不已，以身殉国。

在近代清政府起兵收复新疆的伟大战争中，又是“湖湘子弟满天山”。统率湖湘子弟，“舆榇出关”的是69岁高龄的左宗棠。

“大将筹边尚未还，湖湘子弟满天山；新栽杨柳三千里，引得春风度玉关。”

1878年，应左宗棠的邀请，湖南人杨昌浚远赴新疆帮办军务，在塞外途中有感而发，满怀激情地写下了这首《恭诵左公西行甘棠》的令人叹为观止的名诗。“湖湘子弟满天山”一句脍炙人口，是湖南人舍生取义的牺牲精神的真实写照。

在左宗棠收复新疆的战斗中，有2万湖湘子弟参加。

左宗棠向来狂狷，有一个著名的绰号——“左骡子”，此次收复新疆，为鼓舞士气，左宗棠本人已下定必死的决心。因此，命令士兵抬棺出征。《清史稿》也写到了左宗棠的这一壮举。收复新疆是左宗棠对中华民族最大的贡献。左宗棠收复新疆的主要将领是刘锦棠，湖南湘乡人。刘锦棠也是新疆第一任巡抚。

清末谭嗣同在戊戌变法中以鲜血和生命实现了维新图强的誓言。他说：“各国变法无不从流血而成，今日中国未闻有因变法而流血者，此国之所不昌也。有之，请自嗣同始。”临刑之前，他大呼“有心杀贼，无力回天。死得其所，快哉快哉！”

中国人民抗击西方列强的第一战——广州战役，湖南官兵布防乌涌炮台，击毙英军二百余人，有四百多湖南军人战死。为反对沙俄侵略，保卫新疆的国土，左宗棠率领湖湘子弟在西域浴血奋战。甲午战争，湘军开赴辽东，虽败犹荣。近代革命志士心中想的就是救亡图存，发出了“若道中华国果亡，除非湖南人尽死”的豪言壮语。

在辛亥革命中，一批批湖南人冲锋在前。“为四万万人争人格”（蔡锷语）而甘愿牺牲自己生命的湖南人前仆后继。浏阳人唐才常发动自立军起义，最后英勇就义；湘潭人刘道一在“萍浏醴起义”中被俘牺牲，成为辛亥革命流血牺牲的第一人；双峰人禹之谟在临刑前绝笔遗书中说“躯壳死耳，我志长存”；黄兴发动黄花岗起义，断指犹战，勇往直前；宋教仁成为为“宪政”而牺牲的第一人。黄兴，蔡锷，宋教仁为湖南“共和三杰”。

据不完全统计，在1905年至1921年的10余年间，先后有5位湖南志士为了国家和民族的利益而奋身蹈海或投江，他们分别是陈天华、姚宏业、杨毓麟、彭超、易白沙。五位烈士自尽殉国时年龄最大者39岁（杨毓麟），年龄最小者19岁（彭超），平均年龄不足30岁，可谓正是血气方刚的年龄，但他们毫不吝惜自己的年轻生命，关键时刻毅然舍身为国。从这里我们不难看出屈原自沉汨罗江的深远影响，更不难看出湖湘文化中舍生取义的牺牲精神。

在新民主主义革命中，湖南死难的烈士数以千万计。

毛泽东是新民主主义革命的导师和领袖。在长期的革命斗争中，毛主席一家人纷纷走上革命道路，他们前赴后继，舍生取义，不怕牺牲，英勇战斗，为我们民族的解放立下了不可磨灭的功勋。毛主席一家曾先后为革命牺牲了六位亲人，除了大弟毛泽民，小弟毛泽覃，堂妹毛泽建外，还有主席的妻子杨开慧，长子毛岸英，侄子毛楚雄等人。

“为有牺牲多壮志，敢教日月换新天。”贺龙元帅一家为革命付出了惨痛的牺牲。“从我父亲投身革命直到新中国成立，贺龙宗亲有名有姓的烈士就有2050人。父亲贺龙在世时，认为满门忠烈，都是为国家献身，那是战争和革命事业的需要，不必要常提我们自己，所以很少有人知道。”（贺捷生《贺龙南昌起义前拒绝蒋介石500万光洋收买》）

为国献身，死得其所。衡阳人夏明翰就义前写下了《就义诗》，“砍头不要紧，只要主义真。杀了夏明翰，还有后来人。”

抗日战争是中国近代以来规模最大、形势最复杂、牺牲最惨烈的一次民族解放战争。从1939年9月14日第一次长沙会战开始，至1945年8月21日日本投降，约6年时间，日军一直陷在湖南这片神奇土地的泥潭里，无法自拔。中日双方在湖南先后展开了长沙会战、常德会战、衡阳会战、湘西会战等四次大规模的绞杀战，是相持阶段战斗最多的主战场。湖南进行的7次会战占全国正面战场22次会战近1/3，日军在三湘大地丢下了20多万具尸体。14年抗战中，湘军兵力大概为157万，排名第三位。伤亡排名第四位，大概伤亡52万余人。日寇何足惧，湘人不可侮，这是对湖南无数抗日英雄的真实写照。整个抗日战争中堪称最为悲壮的衡阳保卫战，中国军队以一万八千人守卫衡阳，面对前来进犯的十一万日军，以死伤一万余人的代价，毙伤敌六万余人。如此战果，是抗战史上极其罕见的。这种在艰难困苦的条件下仍不屈的斗争，是湖南人舍生取义的民族气节的体现。衡阳，这座英雄的城市，因此也获得了中国唯一的“抗战纪念城”称号。

湖南省民政部门登记在册的三湘英烈数以十万余计，他们用自己的生命和鲜血为新中国奠基。

2009 年，为庆祝新中国成立 60 周年组织评选“100 位为新中国成立做出突出贡献的英雄模范人物”，毛泽民、毛泽覃、王尔琢、邓中夏、左权、向警予、寻淮洲、何叔衡、李白、杨开慧、陈树湘、罗亦农、段德昌、贺英、夏明翰、黄公略和蔡和森湖南籍 17 人入选。这是湖南人舍生取义的牺牲精神的最好写照，从一个侧面反映了湖南共产党人和革命儿女在中国社会历史发展进程中的地位和影响。

第五节　敢为人先的创新精神

时代基因浸润于历史血脉之中，文化繁荣绽放于传统沃土之上。钩沉湖湘文化的脉络，我们不难发现，在各历史时期涌现的湖湘经典和伟人，都蕴含着一脉相承的文化基因，积淀着三湘儿女最深沉的精神追求。这种文化基因和精神追求，最重要的就是敢为人先的创新精神。

“敢为人先”，意味着开拓创新、革故鼎新、求新求变、趋时更新，是勇敢精神和创新精神的统一。湖湘文化中涌动着一种通变求新、与时俱进的创新精神。

湖南道州人周敦颐吸纳佛、道思想，形成新的儒学即理学。王船山针对“祖宗之法，不可变也”的思想，提出“事随势迁而法必变”和“趋时更新”的主张，这些思想影响了一代代主张因时因势进行变革的湖湘人士。魏源、曾国藩、郭嵩焘等人在西方列强入侵中国、民族矛盾日益激化的形势下，及时提出向西方学习的主张，不但学习西方的科学技术，而且学习西方政治制度。魏源早在鸦片战争时期就明确主张“师夷之长技以制夷”，为中国图强御侮提出了一种新的思路。曾国藩是中国近代史上第一个提出要把人才送到国外去培养的人。郭嵩焘是中国近代史上第一个出使欧洲，实地考察西方的政治、经济、军事、文化、教育、科技诸方面成就，并且提出要学习西方政治制度的人。湖南人依靠“敢为人先”的精神，创造了一个又一个奇迹，使湖南成为风云际会之地，开全国风气之先，整体上推进了中国近代史和现代史的伟大进程。

在中国思想史上，曾在三次重要的历史时刻有过重大的思想理论创新。第一次是在宋代，儒学吸纳佛、道思想，形成新的儒学即理学，其开创者是道州人周敦颐；第二次是清初，衡阳人王夫之集中国古代文化之大成，总结和发展了中国历史上的朴素唯物主义和朴素辩证法，使唯物辩证法思想达到了前所未有的高度；第三次是湘潭人毛泽东，在新民主主义革命时期，将马克思主义理论与中国实际相结合，率先将马克思主义中国化，创立了毛泽东思想。

周敦颐是湖南永州道县人，宋朝理学思想的开山鼻祖，文学家、哲学家，著有《太极图说》《通书》等（后人整编进《周元公集》）。他所提出的无极、太极、阴阳、五行、动静、主静、至诚、无欲、顺化等理学基本概念，为后世的理学家反复讨论和发挥，构成理学范畴体系中的重要内容。这是湖南人的第一次划时代的理论贡献。

理学又名为道学，两宋时期产生的主要哲学流派。理学是中国古代最为精致、最为完备的理论体系，其影响至深至巨。理学的天理是道德神学，同时成为儒家神权和王权的合法性依据，理学以儒家学说为中心，兼容佛道两家的哲学理论，论证了封建纲常名教的合理性和永恒性，至南宋末期被采纳为官方哲学。理学的出现对后世政治文化产生了深远影响。

在明末清初大变革的历史时期，湖南衡阳人王夫之对古代传统学术，特别是宋明理学做了集中的批判和总结。王夫之庞大的学术体系中，占据统治地位的是他的哲学思想和政治思想。他发展了中国历史上的朴素唯物主义和朴素辩证法，使唯物辩证法思想达到了前所未有的高度。他在政治上反对绝对君权，强调历史发展有其规律，必须审时度势，顺应潮流。

王夫之沿着湖湘学派开创的学术传统，“建立了一个内容丰富、思想深刻、规模宏大的思想体系，下启近代湖湘文化，对近代湖南的各个人才群体、思想家、学者、政治家均产生了广泛而深远的历史影响。”（陈谷嘉、朱汉民《湖湘学派源流》）这是湖南人的第二次划时代的理论贡献。

清末是中西文化冲突交汇的时代，中国面临“三千年未有之变局”。近代湖湘经学经世派代表、启蒙思想家魏源第一次提出“师夷之长技以制夷”的观点，成为近代“睁眼看世界第一人”。魏源一生最大的贡献在于将传统的学术与现实社会政治相结合，编撰了《皇朝经世文编》《圣武记》《海国图志》等巨著，其目的在于“经世致用”，匡扶国家。魏源提出的“以夷攻夷”“以夷款夷”和“师夷之长技以制夷”的观点，是洋务运动的指导思想。曾国藩、左宗棠等认真研究魏源的著作，学习其实干精神，开启了民族自救运动的先河。

曾国藩（1811—1872 年）既是理学大师、军事统帅，又是洋务派的首领。曾国藩于咸丰年间创办湘军，在治军期间，认识到西方科技的重要，遂于 1861 年兴建近代第一家军工厂——安庆内军械所。湘军将领左宗棠（1812—1885 年）于 1862 年创办了第一个船舰制造机构——马尾船政局。由此开启了救国自强的洋务运动。曾国藩于1872年奏请朝廷向美国派出了第一批留学生，这批留美生多为广东人和湖南人，由此开启了留学的先河。

郭嵩焘（1818—1891年），字筠仙，中国湖南湘阴城西人。湘军重要人物。他是近代中国“走向世界”的代表性人物之一。郭嵩焘也是中国首位驻外使节，曾任驻英国、法国公使，他在清代封闭、麻木的社会环境中，毅然前往被封建统治者视为“犬羊之地”的西方，寻求救国真理。郭嵩焘将使英途中的见闻写成《使西纪程》，称赞西方民主政治制度、对中国内政提出效仿的建议。郭嵩焘是近代中国第一位提出学习西方政治制度的人，由一名封建士大夫转变成新时代的探险者，表现出强烈的爱国精神和追求真理的巨大勇气。

维新时期，湖南人的开拓创新也走在全国的前列。谭嗣同写有维新派的第一部哲学著作《仁学》，抨击封建制度，倡导维新变法。谭嗣同在巡抚陈宝箴、按察使黄遵宪、学政江标的支持下，与湖南浏阳的唐才常（1867—1900年）等倡办时务学堂。湖南大胆进行改革，发展工矿业，建立现代城市的行政制度和管理制度。中国当代的警察制度从长沙开始，是黄遵宪从日本引进来的，黄遵宪是清朝政府驻日本的公使。湖南开办了湘报、湘学报，创办了南学会，在全国风生水起，一马当先，被誉为“全国最富朝气的一省”。

辛亥革命时期，湖南人也在全国创下了多个第一。宋教仁（1882—1913年），字钝初，号渔父，湖南省常德市桃源人，称为中国“宪政之父”。他是伟大的民主革命先行者，是“中华民国”的主要缔造者，也是民国初年第一位提出内阁制体制的政治家。宋教仁为民主共和国捐躯，举国恸悼，孙中山先生为宋教仁撰写挽联：“作公民保障，谁非后死者；为宪法流血，公真第一人”。蔡锷（1882—1916年），原名艮寅，字松坡，湖南邵阳人，近代伟大的爱国者，著名政治家、军事家、民主革命家，“中华民国”初年的杰出军事领袖。袁世凯复辟帝制的活动，让蔡锷气愤已极，他决心以武力“为四万万人争人格”。蔡锷率先宣布云南独立，组织护国军，发动护国战争，亲任护国军第一军总司令。“蔡松坡带着病亲领子弹不足的两千云南兵，和十万袁军打死战”，最终迫使袁世凯取消帝制。蔡锷是民国再造共和第一人。

在新民主主义革命时期，敢为人先的创新精神在毛泽东身上得到了淋漓尽致的发挥。1930 年 5 月，毛泽东在《反对本本主义》中，阐明了坚持辩证唯物主义的思想路线即坚持理论与实际相结合的原则的极端重要性，提出了“没有调查，没有发言权”和“中国革命斗争的胜利要靠中国同志了解中国情况”的重要思想，表现了毛泽东开辟新道路、创造新理论的革命首创精神。并且在此基础上熟练地运用马克思主义的世界观和方法论，通过调查了解中国的基本国情，研究和总结党和人民集体奋斗基础上积累的丰富经验，批判地继承和汲取中国历史文化的优秀遗产，创立了中国化的马克思主义理论——毛泽东思想。

毛泽东思想是马克思主义中国化第一次历史性飞跃的理论成果，是新民主主义和社会主义革命取得胜利的理论基础，是中国共产党和中国人民历尽艰辛获得的宝贵的精神财富，是中国革命和建设的科学指南，是中华民族的精神支柱，也成为建设中国特色社会主义的理论基础。这是湖南人的第三次划时代的理论贡献，也是湖南人做出的最伟大的理论贡献。

第六节　经世致用的务实精神

一、经世致用的务实传统

《辞源》中对“经世”的解释为：治理世事；另外，对“经济”的解释为：经国济民；“致用”为：尽其所用。《辞海》的解释为：明清之际主张学问有益于国家的学术思潮。由此可以给经世致用下一个定义：经世致用就是关注社会现实，面对社会矛盾，并用所学解决社会问题，以求达到国治民安的实效。这一思想体现了中国传统知识分子讲求功利、求实、务实的思想特点以及“以天下为己任”的情怀。

湖湘学派产生之际，南宋正处于内忧外患之际，湖湘士人除了蒙受了家破国亡的屈辱感外，还多了一层民族文化的危机意识，因而认识到提倡经世致用，既是为了“经邦济世”，也是为了挽救理学自身。南宋形成的以“湖湘学派”为代表的理学思想，它的一个鲜明特点，就是把传习理学的学术教育活动同经邦济世、解危救难的强烈经世愿望紧密结合在一起。“湖湘学派创立之初，就强烈反对为学‘不充实用，平居高谈性命之际，叠叠可听，临事茫然’的‘腐儒’学风，而主张‘通晓时务物理’‘留心经济之学’”。胡安国以《春秋》为“经世大典”；胡宏主张“以仁致用”；张栻强调“知行并发”，无不出于现实的需要。

湖湘学派自宋代发轫一直倡导“求仁履实”。首先，表现为重视人才的品德、操行、性格、情感、意志等素质的磨砺和塑造。湖湘学派第二代大师胡宏便把“有体”作为培养人才的标准。谨守伦理道德规范，谓之“有体”。其次，表现为推崇“治事”能力和才干的培养。湖湘学派第三代大师张栻更强调教育应培养能“传道济民”的人才。南宋绍熙五年（1194），朱熹任湖南安抚使，再至潭州，兴学岳麓，颁布了有名的《朱子书院教条》，使岳麓书院第一次有了正式的学规。在教学宗旨上，朱熹反对当时官学中“务记览，为辞章，钓声名，取利禄”的流弊，反复要求“讲明义理”，进而提出“修身”“处事”“接物”之要，作为实际生活和思想教育的准绳。

尤其着重人格教育，提倡言行一致、克己复礼、道德自律等道德修养原则和方法，反映了程朱理学的精髓。清乾隆年间，岳麓书院山长罗典归纳并提出了“坚定德性，明习时务”的教育方针，完整地表述了上述两重含义。

在理政方面，湖湘士子也是“有用之才，固不徒以文章，亦非迂谈道学者比也”。其中有敢于直言规谏的朝臣彭龟年；有善理政事财务、成功治理通货膨胀的“通务之学”陈琦；有热心发展生产、关心人民疾苦的良吏游九言、游九功兄弟等。张栻在《岳麓书院记》中提出的“得时行道，事业满天下”，在他的弟子中得到了实现。

明末清初，从岳麓书院走出来的王夫之，又把经世思想推上了一个新的高度。王夫之本以反清复明为头等大事，在举兵起义、出仕南明的政治斗争失败后，才归隐山林，发愤著述，以表达自己的经世致用之志。他把天、道、心、性奠定在气、物、欲等感性存在的基础上，提出“天下惟器”“据器而道存，离器而道毁”的唯物自然观，从而抑制了理学走向空疏和虚诞，适应并推动了实学思潮的发展。

到近代，湖湘经世致用传统得到了极大地发展。魏源首开近世风气，在学术上复兴今文经学，打破旧汉学板块而为新学；在政治上提倡“师夷长技以制夷”，使湖湘学人从此走出封闭，睁眼看世界。魏源还受当时湖南经世派代表人物贺长龄之托，主持编撰了巨著《皇朝经世文编》。魏源以实用、经世为主旨，选取清代 200 多年间的论学、论治文献 2000 多篇，编成 120 卷。此书刊行后，数十年间风行海内，湖湘士子更深受影响，促进了经世致用思想的发展。

曾国藩深受经世致用湖湘经世文化的影响。“理学经世”是曾国藩思想体系的精髓。曾国藩墨绖出山，创建湘军。1853 年（咸丰三年），借着清政府急于寻求力量镇压太平天国的时机，他因势在其家乡湖南一带，依靠师徒、亲戚、好友等复杂的人际关系，建立了一支地方团练，称为湘勇。8 月，曾国藩获准在衡州练兵，“凡枪炮刀锚之模式，帆樯桨橹之位置，无不躬自演试，殚竭思力”，并派人赴广东购买西洋火炮，筹建水师。1854 年，曾国藩发表了《讨粤匪檄》。在这篇檄文里，他声称太平天国运动是“荼毒生灵”“举中国数千年礼义人伦诗书典则，一旦扫地荡尽。此岂独我大清之奇变，乃开辟以来名教之奇变，我孔子、孟子之所痛哭于九泉”，接着号召“凡读书识字者，又乌可袖手安坐，不思一为之所也”，其站在了道德的制高点，故动员了当时广大的知识分子参与到对太平军的斗争当中，最终平定太平天国，立下盖世功勋。

受两次鸦片战争的冲击，曾国藩对中西邦交有自己的看法，一方面他十分痛恨西方人侵略中国；另一方面又不盲目排外，主张向西方学习其先进的科学技术，领导了洋务运动，在救亡图存的道路上留下了重要一笔。他倡导建立了近代中国第一座以西方生产方式制造武器弹药轮船的兵工厂，标志着新型工业在中国的出现，也揭开了洋务运动的序幕。此外，他力主开办了翻译馆和职业学校，并奏派幼童赴美留学，开创了中国派遣留学生出国深造的先河。

左宗棠年少聪明有抱负，曾就读于长沙城南书院，二十岁乡试中举。但从 1833 年到 1838 年，三次赴京参加会试，都榜上无名。之后，他“绝意科场进取”，完全致力于“经世致用之学”。左宗棠在家写联自勉：“身无半亩，心忧天下；读破万卷，神交古人。”最初系统研读了明朝顾祖禹的《读史方舆纪要》。这部书综记山川险易，古今用兵战守攻取之宜，兴亡成败得失之迹，具有浓厚的历史军事地理学特色，其核心在于阐明地理形势在军事上的战略价值。这是让他建功立业的基础之书。顾炎武写的 120 卷《天下郡国利病书》、齐召南（1703—1768 年）的《水道提纲》、魏源编撰的《皇朝经世文编》《海国图志》等书也是其研读之书。

1852 年（咸丰二年），当太平天国大军围攻长沙，左宗棠应湖南巡抚张亮基之邀，以幕宾的身份替张亮基出谋划策，张亮基则让左宗棠掌管全部军事。左宗棠出佐湘幕，初露峥嵘，引起朝野关注，时人有“天下不可一日无湖南，湖南不可一日无左宗棠”之语。自此左宗棠一步一步走上历史的前台，成为消灭太平天国运动、消灭捻军、平定回民起义、洋务运动、收复新疆和经营新疆、抗击法国入侵的主要领导者，历任闽浙总督、陕甘总督、两江总督、东阁大学士等。左宗棠一生功勋卓著，其中收复新疆难度最大，也最能体现左宗棠的能力和历史功绩。

二、从经世致用到实事求是

曾国藩、左宗棠是秉持经世致用这一湖湘文化传统的成功者。而将“经世致用的务实精神”发扬光大并创造性转化为“实事求是”的则是新中国的主要缔造者——毛泽东。

毛泽东在青年时代深受经世致用这一湖湘文化传统的影响，表现出强烈的责任感、使命感和经邦济世的远大抱负。就读湖南一师时，他曾广泛接触包括王船山在内的清初几位大师的学术思想，并经常到船山学社聆听刘人熙等讲述船山哲学，对前人倡导的“经世致用”学风极表认同和仰慕。他还在“修身”课的笔记中认真抄下了王船山论圣贤与豪杰的语录：“有豪杰而不圣贤者，未有圣贤而不豪杰者也”。并释“圣贤”为既具有高尚的“品德”，又能够成就“大功大名”的“德业俱全者”。这表现出与船山同样的以治学与治世并重的人才观。从这一点出发，他称赞曾国藩是不同于单纯传教之人或单纯办事之人的“办事而兼传教之人”。因此，他“独服曾文正”。由于对经世致用学风和内圣外王人格的强烈认同，毛泽东从学生时代起就具有激越的救世情怀，自觉以救国救民为己任。毛泽东的朋友这样形容他：“身无半文，心忧天下”。他创立新民学会，确定“以革新学术，砥砺品行，改良人心风俗为宗旨”，并与同学一道“指点江山，激扬文字，粪土当年万户侯”，这是他救世济民伟大抱负的直接体现。

1913 年春至 1918 年夏，毛泽东在湖南第一师范求学。1914 年宾步程（1879—1943 年）任湖南工业专门学校校长，他将“实事求是”4 字书刻成大匾，悬挂在岳麓书院，作为岳麓书院的院训。1916 年至 1919 年，青年毛泽东曾经寓居岳麓书院半学斋，与同伴们研讨革命真理。很自然，岳麓书院的“实事求是”的院训，也深深刻印在了毛泽东的心灵中。他在湖南第一师范的《讲堂录》里记下不少这方面的言语，如“实意做事，真心求学”“古者为学，重在行事”等。

岳麓书院的院训

史书上最早提出“实事求是”的是班固，他说河间献王刘德“修学好古，实事求是”（《汉书》卷53，中华书局出版，第2410页）。从上下文看，“修学”指“修礼乐”“学举六艺”，“好古”指“所得书皆古先秦旧书”。“实事求是”，颜师古注曰“务得事实，每求真是也”。班固认为，刘德在学经典、修礼乐时，喜好先秦诸子的古书，对旧书“求真是”“留其正本”。也就是说，刘德的“实事求是”是考证古书时求其真本，讲的是实证的治学态度和方法。随着明清“崇实黜虚”实学思潮的高涨，考据学也兴起，重新提出汉代的“实事求是”。清乾嘉庆年间的考据学派，则把“实事求是”当作治学的宗旨和基本方法。

毛泽东一生都非常注重“实事求是”，尤其是在他的革命生涯中，在大革命失败后，他实事求是地提出了“农村包围城市，武装夺取政权”的革命道路，并且在二十年后，对“实事求是”做出新的解释。1943年把这四个字写下来嵌在延安中央党校的大门口，作为中央党校的校训。

中共中央党校的校训

毛泽东在把马克思主义基本原理同中国革命具体实践相结合的过程中，在湖湘文化经世致用的务实精神的基础上，对历史上的“实事求是”，进行了新的科学解释，赋予唯物辩证法的哲学内容。他在1941年所作的《改造我们的学习》报告中，深入阐释了“实事求是”的内涵：“‘实事’就是客观存在着的一切事物，‘是’就是客观事物的内部联系，即规律性，‘求’就是我们去研究。我们要从国内外、省内外、县内外、区内外的实际情况出发，从其中引出其固有的而不是臆造的规律性，即找出周围事变的内部联系，作为我们行动的向导。”

这样，经过改造后的“实事求是”已进入哲学最高领域，成为改造主观世界和客观世界的有力的思想武器，是湖湘文化的精髓和灵魂，也是中国共产党的行动指南。正如后来邓小平所说：“毛泽东思想的基本点就是实事求是，就是把马列主义的普遍原理同中国革命的具体实践相结合。毛泽东同志在延安为中央党校题了‘实事求是’四个大字，毛泽东思想的精髓就是这四个字。毛泽东同志所以伟大，能把中国革命引导到胜利，归根到底，就是靠这个。”

第三章

惟楚有才——湖湘文化杰出历史人物

第一节 理学鼻祖

一、吾道南来，原是濂溪一脉；大江东去，无非湘水余波

在岳麓书院的文庙，大成殿右侧廊屋的廊柱上，至今悬挂着一副非常有名的对联：“吾道南来，原是濂溪一脉；大江东去，无非湘水余波。”据说，这副对联是由清朝著名学者、湘潭人王闿运（1833—1916 年）撰写。当年，王闿运到江浙一带讲学，江浙士人以其特有的优越感瞧不起王闿运。王闿运二话不说，即席书写了这副对联，令江浙士人一时瞠目结舌、面面相觑。上联中的“道”是指宋明理学，“濂溪”指的是理学鼻祖周敦颐。下联讲滚滚长江，不过是湘江的余波，江浙士人所做的学问，无非是为湖南人周敦颐做注脚而已。

周敦颐（1017—1073 年），又名周元皓，原名周敦实，字茂叔，谥号元公，北宋道州营道楼田堡（今湖南省道县清塘镇楼田村）人。湘江支流濂溪流经其故居，周晚年移居江西庐山莲花峰下，峰前有溪，因此以水为名，为故居取名濂溪，并自以为号，世称濂溪先生。

湖南省永州市道县清塘镇楼田村周敦颐故居

道县清塘镇楼田村村口矗立着一座牌坊，一副楹联镌刻其上："周庭举世皆尊，元公哲学，鲁迅文章，恩来开国总理；风景这边独好，都庞苍翠，濂水湛蓝，道岩湘南奇观。"楹联既概括了村庄的奇山异水、秀美风光，也道出了周敦颐廉洁家风薪火相传，后裔繁衍发达，涌现出了鲁迅、周恩来等杰出代表。

说起周敦颐，很多人第一时间会想起《爱莲说》。

"水陆草木之花，可爱者甚蕃。晋陶渊明独爱菊。自李唐来，世人甚爱牡丹。予独爱莲之出淤泥而不染，濯清涟而不妖，中通外直，不蔓不枝，香远益清，亭亭净植，可远观而不可亵玩焉。

予谓菊，花之隐逸者也；牡丹，花之富贵者也；莲，花之君子者也。噫！菊之爱，陶后鲜有闻。莲之爱，同予者何人？牡丹之爱，宜乎众矣！

周敦颐品行高洁、为官清廉，学问渊博，确实是"君子者也"。他文章虽好，却不以文章名世。后世对他推崇备至的是他的哲学著作《太极图说》和《通书》。周敦颐用他卓越的理论思维，哲学的智慧，应对北宋时期的儒学困境，顺应时代要求，在儒家基础上大胆吸收佛道思想，并将三者融为一体，开创了宋明理学。

二、理学鼻祖——时代的召唤

自汉武帝“罢黜百家，独尊儒术”后，儒家思想成为当时治国理政的唯一指导思想。尽管佛教在西汉末年已经传入，道教在东汉末年逐渐形成，但佛道两家思想在相当长的时期内还不足以对儒家思想形成挑战。魏晋南北朝以来，国家分裂，政治黑暗，民不聊生。下层民众纷纷从佛道两家思想中寻找心灵的慰藉。统治者也开始笃信佛教。南朝宋齐梁陈各代帝王大都推崇佛教，尤以梁武帝萧衍最为突出，他曾四次舍身入建康（今南京）同泰寺，最后都由国家出钱赎回。唐代诗人杜牧的“南朝四百八十寺，多少楼台烟雨中”说的就是佛教发展的盛况。唐代是佛教发展的鼎盛时期，同时唐代帝王又以道教老子李耳的后裔自居，于是形成儒释道三教并进的局面。儒学独尊的地位受到严重的挑战。

为恢复儒学的正统地位，韩愈写了《原道》《原性》等文章力批佛道，发起儒学复兴运动。唐元和十四年（819 年）正月，唐宪宗命宦官从凤翔府法门寺真身塔中将所谓的释迦文佛的一节指骨迎入宫廷供奉，并送往各寺庙，要官民敬香礼拜。时任刑部侍郎的韩愈看到这种信佛行为，便写了一篇《谏迎佛骨表》，劝谏阻止唐宪宗，指出信佛对国家无益，劳民伤财，而且自东汉以来信佛的皇帝都短命。结果触怒了唐宪宗，判了韩愈死刑。经宰相裴度等人说情，最后韩愈被贬到八百里外的潮州。韩愈悲愤难当，写下了《左迁至蓝关示侄孙湘》这首著名的七律：“一封朝奏九重天，夕贬潮阳路八千。欲为圣明除弊事，肯将衰朽惜残年！云横秦岭家何在？雪拥蓝关马不前。知汝远来应有意，好收吾骨瘴江边。”

韩愈以及后来北宋的孙复、欧阳修等对佛道大力抨击，但都无力回天。因为他们抨击的是佛教的外在形式，而忽略了佛学精深的理论。佛学思想最重视人的心灵的关怀，而这恰恰是当时儒学的短板。儒学要复兴，必须要吸收佛道思想的长处，形成新的儒学，才能战而胜之。这个重担历史地落到了周敦颐的身上。

周敦颐以儒家经典《周易》《中庸》的思想为主，创造性地将佛道的心性之说融入其中，构建了“天人合一”的思想体系，为儒家心性之说提供了本体论依据。

周敦颐的哲学思想是从构建本体论开始的。他认为宇宙的本原是“太极”，由太极而化生万物。具体演变为：“无极而太极。太极动而生阳，动极而静，静而生阴，静极复动。一动一静，互为其根。分阴分阳，两仪立焉。阳变阴合，而生水火木金土。五气顺布，四时行焉。五行一阴阳也，阴阳一太极也，太极本无极也。五行之生也，各一其性。无极之真，二五之精妙合而疑。乾道成男，坤道成女。二气交感，化生万物。万物生生，而变化无穷焉。”当然，周敦颐是从《周易》和《道德经》受到启发。《易经》：“易有太极，是生两仪，两仪生四象，四象生八卦。”孔颖达疏：“太极谓天地未分之前，元气混而为一，即是太初、太一也。”《道德经》：“有物混成，先天地生。寂兮寥兮，独立而不改，周行而不殆，可以为天地母。吾不知其名，强字之曰道。”“道生一，一生二，二生三，三生万物。”

周敦颐在对本体论阐述之后，也对心性论进行了阐述。由太极而化生万物，万物之中人为最贵。人能禀太极之理，太极之理也就是诚，而诚就是人的本性。诚是至善的，故人的本性也是至善的。由此，周敦颐得出人性本善的推论，回答了“内圣”如何可能的问题。

在周敦颐之前的儒学主要是政治儒学，其着眼点在政治领域，以“仁”为价值准则，以“礼”为外在度量，以宗法血缘为基础，构造家国同构的社会秩序和政治秩序。但这种官方意识形态的儒学缺乏本体论的依据，同时也缺乏对人的终极关怀。

从周敦颐开始，儒学开始构建本体论的依据，并且涉及人生价值的终极关怀，转变为心性儒学。

周敦颐在其《太极图说》和《通书》中提出了宇宙论、万物化生论和道德论，以及一系列的哲学范畴，如无极、太极、阴阳、五行、动静、善恶、主静、诚和无欲等。这些思想和范畴为宋明理学的形成发展奠定了基础，为后来的理学家所反复讨论和发挥。

后世理学家对周敦颐推崇备至。胡宏说他“启程氏兄弟以不传之学”“其功盖在孔孟之间矣”（胡宏集·周子通书序）；张栻称之为“道学宗主”；朱熹为《太极图说》和《通书》作注；南宋理宗淳祐元年（1241 年），追封周敦颐为汝南伯，从祀孔子庙庭，正式确立理学鼻祖的地位。

道县月岩，古“道州八景”之一，周敦颐求学、静养、悟道之处，曾获得明代徐霞客这般赞誉：“永南诸岩殿景，道州月岩第一”。

三、极大地提升了湖南的文化地位

作为理学开山、道学宗主的周敦颐，是中古时期的中国儒学乃至整个思想界的一座高峰。

在中唐以前，湖湘大地的本土文化在全国一直处于非常落后的状态。从秦汉到魏晋南北朝，湖南的名人寥若晨星，为史书所罕见。晚清经学家皮锡瑞在《师伏堂未刊日记》中说：“湖南人物，罕见史传，三国时如蒋琬者，只一、二人。”隋唐开科取士几百年，在唐大中年前，湖南没有出过一个进士。直到中唐以后才慢慢有所改观。所谓改观，是说到了唐宣宗大中四年（公元850年），长沙人刘蜕成为湖南的第一个进士，号称“破天荒”。有唐一代湖南进士共9人，全部出于后期。因此，在当时中原人的眼里，湖南还是一个未完全汉化的地方，经济、政治、文化极其落后。同时，这里炎热、潮湿、蚊子多、瘴气大，所谓“炎热”“卑湿”“风俗夷僚”“蛮越杂处”，在当时为安置贬官谪吏的去处。如王昌龄、刘禹锡、褚遂良、张说、令狐楚和元结这些人都是被贬来到湖南的。

直到宋代，因为周敦颐著述了《太极图说》和《通书》，开创了宋明理学（宋明理学的领军人物程颢，程颐是他的学生），成为理学的开山鼻祖，湖南在全国才开始有了地位，改变了中原人对湖南的看法。因此，周敦颐是湖南人心目中的第一根学术标杆和第一尊精神偶像，极大地提升了湖南的文化地位。同时，周敦颐所开创的理学，在湖南经胡安国与胡宏父子俩的传承与发展，直接催生了湖湘学派。

附录

《太极图说》原文

无极而太极。太极动而生阳，动极而静，静而生阴，静极复动。一动一静，互为其根。分阴分阳，两仪立焉。阳变阴合，而生水火木金土。五气顺布，四时行焉。五行一阴阳也，阴阳一太极也，太极本无极也。五行之生也，各一其性。无极之真，二五之精妙合而疑。乾道成男，坤道成女。二气交感，化生万物。万物生生，而变化无穷焉。

唯人也得其秀而最灵。形既生矣，神发知矣。五性感动，而善恶分，万事出矣。圣人定之以中正仁义而主静，立人极焉。故圣人与天地合其德，日月合其明，四时合其序，鬼神合其吉凶。君子修之，吉；小人悖之，凶。故曰：“立天之道，曰阴与阳。立地之道，曰柔与刚。立人之道，曰仁与义”。又曰：“原始反终，故知死生之说”。大哉易也，斯之至矣。

【注释】

● 两仪：两仪即是阴与阳。《系辞传》第四章：「一阴一阳之谓道，继之者善，

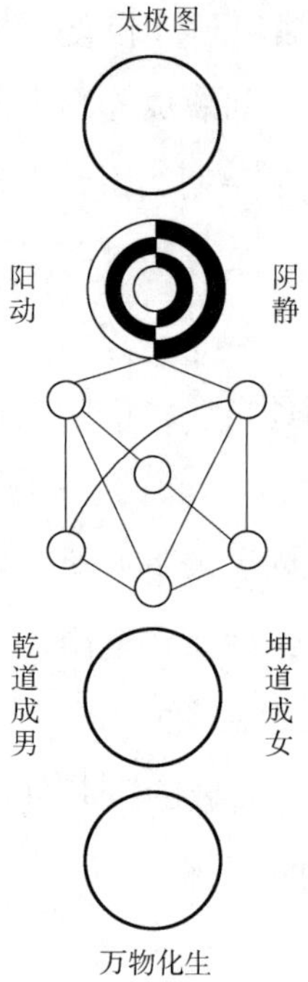

成之者性。」太极是一切的根源，太极的变动产生了阴和阳两种气，也是天地之间两种相对相反的力量。●二五：阴阳二气和五行。另解为父精母血。●干道成男，坤道成女。这两句出自《系辞传》。指阳气凝聚成男，阴气凝聚成女。●五性：指仁、义、礼、智、信五种德性。●立人极：人虽为万物之灵，但往往随物而动有善有恶，所以圣人要树立人道的准则让人们有所持循，方得以成就圣贤，与天地同参。●故圣人……吉凶：此句出自《易经·干卦·文言》。形容君子德性的圆满性，已达乎天人合一的境界。●立天之道曰阴与阳……曰仁与义：此句出自《说卦传》第二章，指人道根本的准则是仁义，和天地构成的准则是一样自然不变的。●原始反终，故知死生之说：此句出自《系辞传上》第四章，是说追溯察知生命的原始和终结，以了知生死的真实意义。

第二节　开宗立派

周敦颐虽然开创了理学，但他当时的学术活动和归宿大都不在湖南，而在江西。把他的理学思想传承到湖南并创立湖湘学派的，是福建人胡安国与胡宏父子俩。尤其是胡宏，更是周敦颐的重要传承人。胡宏的弟子中最为出名的传承人是张栻。张栻在理学的各种领域都下了功夫，并有自己的独到见解，可以说是一位发扬和光大师门的人物。后来张拭接待了从福建崇安前来访问的闽学派理学大师朱熹，朱、张二人在岳麓书院会讲两个月，就理学中的一系列问题切磋问难。通过这次会讲，使得湖湘学与闽学两派得以相互取长补短，推动了学术的繁荣和理学的发展。由胡氏父子创立的湖湘学派经张栻之手得以向外传播，走向全国。

一、汩汩碧泉继春秋绝响，苍苍云岭奠湘学鸿基

湖南省湘潭县排头乡的黄荆坪，屹立着一座貌不出众的山峰。因山上有一个龙王洞，又名龙山、龙王山，属南岳衡山之余脉。它远离闹市，偏居一隅，距湘潭市区西南约 40 公里。从外观上看，山峰实在没有什么特别之处。它不高，海拔才四百三十七米；也不奇，和四周的山丘一样，全年都是郁郁葱葱的。“山不在高，有仙则名”，它注定不会湮没无闻。

宋建炎三年（1129 年），为避金兵南侵而带来的社会动乱，在朝为官的理学家、太学士胡安国（1074—1138 年）应湘潭籍弟子黎明与杨训之邀，渡洞庭湖而南来到此地。其家室也告别了湖北荆门的寄居地，来此会合。于是胡氏父子在山下结庐讲学，开启湖湘学派。从此，这座山峰便声名远播，被誉为湖湘学派的发源地，这就是“天下隐山”，它与昭山、金霞山、仙女山并列为湘潭四大名山。

隐山附近有一潭水，清澈碧绿，汩汩而流，人称碧泉潭（碧泉潭水冬暖夏凉，终年水温 20℃左右，潭水清澈见底）。胡安国、胡宏父子当年走进了碧泉潭山水灵瑰

“天下隐山”石头，石头后的山头就是隐山

的深处，幽居而安，建立学堂讲学。碧泉虽地处偏远，但因一代鸿儒隐居其中，各地求学士子不绝于途，“寓在深山多客人”。胡安国感于时事，大力宣扬其尊王攘夷、内圣外王、体用并重、知行合一的经世济民之学。

绍兴三年（1133 年）后，胡安国又在南岳衡山“买山结庐”，建“衡山文定书堂”。胡安国在湖南的实际时间虽只有 8 年左右，但就在这短短的 8 年当中，却在湖南产生了相当大的影响。据湖湘学专家王立新《开创时期的湖湘学派》一文考证，胡安国“不仅培养了大量弟子学人，造就了湖南人追求价值人生的理学氛围，……使远近学人开始对湖南刮目相看”。胡安国毕生致力于《春秋》学，从宋徽宗崇宁四年（1105 年）开始，直至宋高宗绍兴六年（1136 年）年底，历时三十余年，完成了在历史上享有盛誉的《春秋传》三十卷，共十余万字，这是宋代理学家以义理之学研究《春秋》的代表作品。它与朱熹的《四书集注》并重，成为科举取士官方规定的必读科书。

宋绍兴八年（1138 年），胡安国逝世。其子胡宏（1102—1161 年）继承父业，将原书堂修缮扩大，改名为碧泉书院。3 年后，胡宏有感于“人希探本”而创立了他的性本论儒学观，于是在碧泉潭上建“有本亭”，并作《有本亭记》以记之。湖湘学派，于此时开始形成。南宋理学家真德秀指出：

窃惟方今学术源流之盛，未有出湖湘之右者。盖前则有濂溪先生周元公，生于舂陵，以其心悟独得之学，著为《通书》《太极图》，昭示来世，上承孔孟之学，下启河洛之传。中则有胡文定公，以所闻于程氏者设教衡岳之下，其所为《春秋传》……致堂、五峰二先生，又以得于家庭者，进则施诸用，退则淑其徒，所著《论语详说》《读史》《知言》等书，皆有益于后学。近则有南轩先生张宣公寓于兹土，晦庵先生朱文公又尝临镇焉。二先生之学源流实出于一，而其所以发明究极者，又皆集诸老之大成，理义之秘，至是无复余蕴。此邦之士，登墙承謦者甚众，故人才辈出，有非他郡国所可及。（《真西山文集》卷40）

明末清初大思想家黄宗羲也认为："湖南一派，当时为最盛。"（《宋元学案·南轩学案》）湖南也因湖湘学的形成和传播，由蛮夷之地而一跃成为理学之邦。

今天的碧泉潭

学界认为碧泉书院就是湖湘文化真正意义上的源头。胡氏父子在此著《春秋传》《知言》等。胡宏又作《碧泉书院上梁文》，力辟“干禄仕以盈庭，鬻词章而塞路”的学风；认为“穷理既资于讲习，辅仁式藉于友朋”，期望“远邦朋至，近地风从”，共同“寻绎五典之精微，决绝三乘之流遁”，以振伊洛之业于无穷，以回洙泗之风于万古。张栻、彪居正、吴翌等闻风就学其中，史称“衡岳湖湘之学，皆起于此”。胡宏卒后，张、彪传其学于岳麓书院，其地遂寂（张栻有诗云：“书堂何寂寂，草树亦芊芊”）。元、明两代曾有修葺，并设专祠祀胡氏父子。

胡安国去世后，安葬于隐山南麓仙娥山的山坡上。为了纪念他，在墓地隔垅相望的古慈云禅寺旁兴建了一座三贤祠，祭奉着胡安国、胡寅（胡安国长子，也是理学家)、胡宏三父子。

湘潭县隐山胡安国父子墓碑

二世祖五峰公就是胡宏。两边对联：“秉春秋大笔；葬天下隐山。”左碑文为“闽江生出到湖南，学问渊源不等闲。秉笔大书千载史，春秋留给后人看”，右碑文为“放学三相恋地形，碧泉驻迹讲诗文。潭州开派枝枝秀，留得声名到此今”。

二、“湖湘学派”及其学术特征

“湖湘学派”是指以胡安国、胡宏父子和张栻为代表，在湖南地区产生和传承的一个主张“体用合一”、内圣外王并重的理学学派。

自周敦颐创立理学之后，全国各地产生了许多重要的理学学派。“濂学”指北宋周敦颐为首的学派，因其原居道州营道（今湖南道县）濂溪而得名，也称“濂溪学派”；“洛学”是以北宋程颢、程颐为首的学派，因二程为洛阳人而得名，又因程颐曾居临伊川，二人讲学于伊洛之间，也称“伊洛之学”；“关学”是以北宋张载为首的学派，因张氏讲学于关中而得名，又因世称张载为“横渠先生”，也称“横渠学派”；“闽学”是以南宋朱熹为首的学派，因朱熹曾侨寓并讲学于福建路的建阳（福建别称“闽”）而得名，又因朱熹号“晦庵”，在建阳考亭讲学，也分别称“晦庵学派”或“考亭学派”；陆九渊以“心即理”为其思想核心，创立“心学”；浙东学派是指宋理学中以浙东地区为活动中心的学派，包括以吕祖谦为代表的金华学派，以叶适为代表的永嘉学派和以陈亮为代表的永康学派。

“湖湘学派”的主要学术特征体现在以下几个方面。

1. “性”为天下之大本的性本论

胡宏把朱熹的理本论和陆九渊的心本论排除在宇宙本体之外，主张以性为宇宙本体。以“理”为宇宙本体，侧重从客体意义上解释儒家伦理，将其看作天理。以“心”为宇宙本体，侧重从主体意义上解释儒家伦理，将其看作本心。在宋明理学的范畴中，“性”是连接天与人的中介，既有客体意义，又有主体意义。因此，性本论是主张主体与客体相统一来建立宇宙本体论。

2. 形而上与形而下相统一的存在论

胡宏说“性外无物，物外无性”“道不能无物而自道，物不能无道而自物。道之有物，犹风之有动，犹水之有流也，夫孰能间之？故离物求道者，妄而已矣。”（胡宏集）张栻认为“道不离形，特形而上者也，器异于道，以形而下者也”（南轩易说），这种观点与近代唯物主义观点相通。

3. 内圣与外王并重的务实学风

“湖湘学派”虽然也是一个理学学派，但没有停留在空谈心性的内圣层面，而是格外关注外在事功的外王层面。“学圣人之道，得其体，必得其用。有体而无用，与异端何辩？井田、封建、学校、军制，皆圣人竭心思致用之大者也。”（胡宏集）这种经世致用的学风，是湖湘文化在近代大放异彩的至关重要的原因。

第三节　朱张会讲

一、一水长流池不涸；两贤互蹉道终同

南宋乾道三年（公元 1167 年），岳麓书院迎来了一场名扬后世的学术盛宴，两位世界级、不同学派的思想家在此论道互蹉。一时观者云集、万人空巷。以致岳麓书院门前的饮马池池水，都被观众的马匹喝干。一时“舆马之众，至饮池水立涸”（清·赵宁：《新修长沙府岳麓书院志》卷三）。这场别开生面、盛况空前的岳麓论道，就是著名的“朱张会讲”。

位于岳麓书院崇道祠的朱张会讲塑像

1983 年 8 月，美籍华人、著名汉学家陈荣捷参观岳麓书院，有感于“朱张会讲”，于是在书院的讲堂题写了这副对联：“一水长流池不涸；两贤互蹉道终同。”

岳麓书院讲堂，当年朱熹、张栻在此论道（“学达性天”是康熙皇帝赐给岳麓书院的匾额；“道南正脉”是乾隆皇帝赐给岳麓书院的匾额）

公元 1167 年 9 月 8 日，从福建崇安启程的理学大师朱熹抵达长沙造访张栻。朱熹在长沙逗留了两个月，著名的“朱张会讲”由此展开。朱张对理学中的一系列问题，如“中和”“太极”等分别在岳麓书院和城南书院轮流进行讨论。除了同张栻会讲，朱熹应邀到湘江对面的城南书院讲学。张栻常常陪同朱熹横渡湘江的那个渡口，后被易名为“朱张渡”，成为“朱张会讲”这一千古佳话的永恒见证。从今长沙湖南第一师范学院横过书院路，便到了六铺街湘江畔的著名渡口——朱张渡。

朱张渡上新立的朱熹、张栻塑像

朱熹作诗记下了这次意义深远的学术交流活动，“偶泛长沙者，振衣湘山岑。烟云渺变化，宇宙穷高深。怀古壮士志，忧时君子心。寄言尘中客，莽苍谁能寻。”

相传二人曾将东岸命名为“文津”，将西岸命名为“道岸”。太守刘珙在岸边建船斋，供二人往返时休息，张栻和朱熹二人尚以《船斋》为题作同题诗自娱。张栻过世之后的1194年，朱熹任湖南安抚史，移节长沙，仍取道古渡往来于岳麓书院与官衙公署，白天办公，晚间讲学，相从的门徒多达千余，朱张渡的繁华景象可想而知。从此，朱张渡一直成为岳麓书院学子往返于湘江的主要渡口。

二、“朱张会讲”的由来

朱熹（1130—1200年），字元晦，又字仲晦，号晦庵，晚称晦翁，谥文，世称朱文公。祖籍江南东路徽州府婺源县（今江西省婺源），出生于南剑州尤溪（今属福建省尤溪县）。宋朝著名的理学家、思想家、哲学家、教育家、诗人，闽学派的代表人物，儒学集大成者，世尊称为朱子。朱熹是唯一非孔子亲传弟子而享祀孔庙，位列大成殿十二哲者中。师从程颢、程颐的三传弟子李侗。其著述甚多，《四书章句集注》成为钦定的教科书和科举考试的标准。

张栻（1133—1180年），字敬夫，后避讳改字钦夫，又字乐斋，号南轩，学者称南轩先生，谥宣，后世又称张宣公。南宋汉州绵竹（今四川绵竹市）人，右相张浚之子。南宋初期学者、教育家。师从著名理学家胡宏，湖湘学派的代表人物。与当时著名思想家朱熹、吕祖谦讲学为友，史称“东南三贤”。南宋孝宗乾道元年（1165年），主管岳麓书院教事，从学者达数千人。张栻将湖湘学派发扬光大，成为一代学宗。

两位分属不同学派的理学大师，一个在湖南，一个在福建，山河阻碍，相隔一千多里，是什么缘由促成了“朱张会讲”？

根据朱熹《中和旧说序》的记载，朱熹此行有他明确的目的。朱熹的老师李侗死后，他在学术上遇到了对《中庸》之义不解的疑难，从而萌生了湖南之行的念头。

原来，朱熹师从李侗时，李侗很尽心地讲解了中庸之义，但朱熹当时的兴趣却在训诂学。待到他感受到中庸之义的魅力时，恩师却已撒手人寰。所以，对于中庸之义，朱熹一直不得甚解。这样的状态，让他吃不香，睡不好。正当朱熹苦于无人指点迷津时，适闻张栻得衡山胡氏（胡宏）真传，而胡宏是南宋著名的理学家，以宋代程朱理学的开创者程颐、程颢的弟子自居，与李侗属同一渊源。全祖望十分推崇此人在儒学上的造诣，认为“中兴诸儒所造，莫出五峰（胡宏）之上”“卒开湖湘之学统”（《宋元学案》卷42《五峰学案》）。于是，朱熹萌发了对张栻“往从而问焉”的愿望。

一言以蔽之，与张栻切磋学术是促成朱熹湖南之行的根本原因，这也从一个侧面表明了湖湘学在朱熹心中的地位和影响。

“朱张会讲”今天似乎已成定论，但从当时的实际情况来看，是朱熹不远千里来到长沙向张栻请教中庸之义的。因此，有人提出，不是“朱张会讲”，而是“张朱会讲”。

但是，一方面朱熹比张栻年长三岁，“会讲”时朱熹37岁，张栻34岁；另一方面，朱熹不远千里来到长沙，应该尊重客人；最重要的原因是朱熹在后世的影响远大于张栻，他的理学思想影响了中国几百年。张栻在留下了《南轩文集》《论语解》《孟子说》等著作后，病逝于湖北江陵，年仅48岁。因为早逝，张栻的智慧之光也就此熄灭。有很多人认为，这正是张栻在成就及学术地位上不及朱熹的重要原因。而朱熹比较长寿，活了70岁。他知识渊博、思想深刻、勤于著述，著作等身。在南宋及以后几百年的封建社会中，朱熹的成就和影响无人能望其项背。

三、“朱张会讲”的意义

据记载，他们“举凡天地之精深，圣言之奥妙，德业之进修，莫不悉其渊源，而一归于正大”，尤其是对“中和”“太极”“仁”等理学中的一系列重要概念进行了深入探讨。谈得兴起时，两人竟通宵不眠。经过反复的切磋论辩，两人在“太极”等一些问题上的见解趋于一致，双方都得到很大的启发与收益。

“朱张会讲”之后，四方学生接踵而来，致使岳麓书院名扬天下，元代理学家吴澄在《重建岳麓书院记》中说：“自此之后，岳麓之为岳麓，非前这岳麓矣，地以人为重也”。同时，此次会讲纠正了此前湖南的文风。据言，当时湖南学者文字“辞意多急迫，少宽裕”“全无涵养之轼”。而会讲之后，湖南人始知摒弃上述之不足，努力学习别人之所长，才“归于平正”。更为重要的是，“朱张会讲”树立了自由讲学、互相讨论、求同存异的典范。这样的治学方式，今天仍值得推崇和借鉴。

胡安国、胡宏开创的湖湘学派，经过张栻的宏扬和发展，才走向成熟。“湖南一派，在当时为最盛。然大端发露，无从容不迫气象。自南轩出而与考亭（朱熹）相讲究，去短集长，其言语之过者，裁之，归于平正。”（《宋元学案·南轩学案》）湖湘学派在当时为最盛的一派，经过张栻的讲学和与朱熹的交流，“去短集长”，使得湖湘学派在理论上更加精致，也使张栻成为该学派的代表人物。黄宗羲肯定了张栻之学出自胡宏，又超出胡宏的事实。他说：“南轩之学，得之五峰，论其所造大要，比五峰更纯粹，盖由其见处高，践履又实也。”（《宋元学案·南轩学案》）张栻之所以继承并发展了胡宏的思想，取得更高的理论成就，是因为在与朱熹的交往中修正了胡宏的某些观点，使湖湘学派在理论上更加成熟。

“朱张会讲”之后，朱熹一直心系岳麓书院，并为岳麓书院的发展做出了重大贡献。“绍熙四年（1193 年），诏除文公为湖南安抚，累辞不允。越明年五月至镇。……是刘公（珙）所创书院，岁久寝圮，公修复之，更建于爽垲之地，规划一新焉。”（杨茂元《重修岳麓书院记》）南宋绍熙五年（1194 年），当时张栻已作古多年，而“朱张会讲”也已经过去 27 年，湖南迎来了一位新的安抚使，他就是朱熹。岳麓书院本是朱熹与张栻会讲之所，当年在此讲学，重来旧地，自有一种特殊感情。此时的岳麓书院很不景气，已非昔日可比，“比年以来，师道陵夷，讲论废息，士气不振，议者惜之”。朱熹一到任就筹划重整岳麓书院，他颁布了《朱子学院教条》，使岳麓书院第一次有了正式的学规。朱熹把“学、问、思、辨、行”定为“为学之序”，书院在教学过程中注重独立思考、知行统一。书院规制为之一新。经朱熹精心整治，岳麓书院再次进入繁盛时期，时称“道林三百众，书院一千徒”，被誉为“潇湘洙泗”。

附录

岳麓书院

岳麓书院位于湖南省长沙市湘江西岸的岳麓山东面山下，是中国古代传统书院建筑，属于中国历史上著名的四大书院之一。1988 年，岳麓书院建筑群被国务院批准为第三批全国重点文物保护单位。

北宋开宝九年（976年），潭州太守朱洞在僧人办学的基础上，由官府捐资兴建，正式创立岳麓书院。嗣后，历经宋、元、明、清各代，至清末光绪二十九年（1903年）改为湖南高等学堂。

北宋祥符八年（公元1015年），宋真宗召见山长周式，并赐书“岳麓书院”四字门额。1926年正式定名为湖南大学。岳麓书院历经千年，弦歌不绝，故世称“千年学府”，现为湖南大学下属学院。

建设沿革

岳麓山自古就是文化名山。西晋以前为道士活动地，曾建有万寿宫、崇真观等。西晋武帝泰始四年（268年），麓山寺创立，至今仍保存完好。东晋陶侃曾建杉庵读书于此。六朝建道林寺。唐代马燧建“道林精舍”。唐末五代智璇等二僧为“思儒者之道”，在麓山寺下，“割地建屋”，建起了“以居士类”的学舍，岳麓书院就是在智毛施办学的基础上“因袭增拓”而诞生的。

咸平四年（1001年），李允则请奏书，诏赐诸经释文，义疏，史记，玉篇，唐韵，赐建湘西书院。

北宋开宝九年（公元976年），潭州太守朱洞在原僧人办学的遗址上，即岳麓山下的抱黄洞附近正式建立起了岳麓书院。

北宋大中祥符（1008—1017年）年间，岳麓书院进入了北宋的鼎盛时期。

大中祥符八年（公元1015年），宋真宗亲自召见山长周式，对周式兴学颇为嘉许，亲书“岳麓书院”匾额。至今书院所存明代“岳麓书院”刻石，便是当年宋真宗的手迹。在周式执掌下，岳麓书院的从学人数和院舍规模都有很大发展，遂成为天下四大书院之一。关于“四大书院”有多种说法，但唯有岳麓为诸家共推，反映了古之学者对岳麓的推崇。

两宋之交，岳麓书院遭战火洗劫，乾道元年（1165年），湖南安抚使知潭州刘珙重建岳麓书院。他还延聘著名理学家张栻主教岳麓，更加强了岳麓书院在南宋教育和学术上的地位。张栻主教期间，以反对科举利禄之学、培养传道济民的人才为办学的指导思想，培养出了一批如吴猎、赵方、游九言、陈琦等经世之才的优秀学生。

乾道三年（公元 1167 年），朱熹来访，与张栻论学，举行了历史上有名的“朱张会讲”。前来听讲者络绎不绝，时人描绘“一时舆马之众，饮池水立涸”。这次会讲，也推动了宋代理学和中国古代哲学的发展，所以不仅是长沙，也是中国古代文化史上的一件盛事。

乾道五年（1169 年），张拭知严州，彪居正任书院山长。

朱张会讲之后，岳麓书院名声更加远播，元代理学家吴澄在《重建岳麓书院记》中说：“自此之后，岳麓之为岳麓，非前之岳麓矣！”绍熙五年（1194 年），在岳麓会讲 27 年之后，朱熹任湖南安抚使，再次来到潭州，重整岳麓书院，颁行《朱子书院教条》。经过他的整治，岳麓书院再次进入繁盛时期。

执事淳祐十年（1246 年），理宗赐“岳麓书院”匾额，别建湘西精舍于书院南。1275 年，元军攻破长沙，岳麓书院被付之一炬。岳麓书院几百学生参与战斗，城破后大多自杀殉国。元统治者统一全国后，极力推动书院的恢复和发展，潭州学正刘必大主持重建岳麓书院，仅废 10 余年的岳麓书院又开始恢复生机。

1314 年（延元年），郡别驾刘安仁再次主持大修。元末战乱再起，岳麓书院又于 1368 年（至正十八年）毁于战火。

明初，朱元璋奉行“治国以教化为先，教化以学校为本”的政策，重视地方官学的复兴，而不倡导书院教育。全国书院颓废，岳麓书院也因此沉寂了百余年。成化（1465—1487 年）年间，书院开始逐渐恢复。

1432 年（宣德七年），由民间集资促成岳麓书院最早的一次修复。1469 年（成化五年），长沙知府钱澍再次兴复书院，但不久又废。

1494 年（弘治七年），长沙府通判陈钢终于使岳麓书院基本恢复旧貌。自明宣德始，经地方官员陈钢、杨茂元、王韬、吴世忠等多次修复扩建，岳麓书院主体建筑第一次集中在中轴线上，主轴线前延至湘江西岸，后延至岳麓山巅，配以亭台牌坊，于轴线一侧建立文庙，形成了书院历史上亭台相济、楼阁相望、山水相融的壮丽景观。书院的讲学、藏书、祭祀三大功能得到了全面的恢复和发展，奠定了现存建筑基本格局。

1507 年（正德二年），阳明心学一代宗师王守仁来岳麓讲学。王守仁及其弟子在岳麓书院的讲学是继南宋湖湘学派之后，岳麓书院的又一次重要学派活动，导致了岳麓书院又一个学术繁荣期的到来。

1509年（正德四年），守道吴世忠折毁道林寺，扩建书院。

1643年（崇祯十六年），张献忠部队进攻长沙，与明朝官军进行激战，书院在混战中被毁。

岳麓书院自元毁为废墟，至明宣德七年（公元1432年）开始修复，经成化五年（公元1469年）、弘治七年至九年（公元1494—1496年）等先后修建，基本恢复旧观，首创崇道祠，并重新办学。

明代岳麓书院学术仍以朱张之学为正宗。明代正德九年（公元1514年）首修《岳麓书院志》，嘉靖、万历、崇祯三次续修。正德以后，王阳明及其弟子先后至此讲学，传播心学。

嘉靖九年（公元1530年），明世宗颁“敬一箴”及所注程颢视、听、言、动四箴于岳麓，增建敬一亭，后改名四箴亭。明末，东林学派高世泰讲学书院，岳麓书院学术传统重新得以发展。

清初朝廷对书院采取抑制政策。1652年（顺治九年）曾调令：“各提官督率教官、生儒，务将平日所习经、书义理，着实讲求，躬行实践。不许别创书院，群聚徒党，及号召地方游食无行之徒，实谈废业。”然已经实行了数百年的书院制度，具有深刻的社会影响，修复书院的呼声日趋强烈。就在顺治帝诏令各地“不许别创书院”的当年，湖南巡抚彭禹峰就聘请长沙府攸县县学生刘自主持岳麓教事，并未受到处罚。

随着统治的日益巩固，顺治末年对书院的抑制政策开始松弛，康熙、雍正年间进而实行支持和鼓励政策。1668年（康熙七年），巡抚周召南下令重建岳麓书院，基本恢复了原有规模；1674年（康熙十三年），吴三桂发动三藩叛乱，攻克长沙，刚刚修好了才4年的岳麓书院即兴即毁；1684年（康熙二十三年）巡抚丁思孔又重建岳麓，置膏火田数百亩，并两具疏章，请求御书匾额；1687年（康熙二十六年）春，康熙帝御书“学达性天”匾额。

清朝廷为褒扬岳麓书院办学之功，先后颁赐“学达性天”“道南正脉”匾额，并赐帑赐书，将岳麓书院列为省城大书院。在官府的大力扶持下，书院办学规模进一步扩大。顺治初年，书院继续办学。雍正十一年（公元1733年），诏令岳麓为省城书院，赐帑金一千两。

乾隆八年（公元1743年），赐御书“道南正脉”匾额，以褒扬岳麓传播朱（熹）

张（栻）理学之功。其后，湖南巡抚等地方官多次拨款以作书院经费。同时，大批有名望的学者被聘任为山长。乾隆后期至嘉庆、道光年间，书院的建设进一步发展。期间罗典、欧阳厚均各主院27年，创建和恢复书院古迹数十处。书院办学呈蓬勃发展的景象。

1744年（乾隆九年），乾隆帝又赐御书“道南正脉”于岳麓，岳麓书院在全国的重要地位再次获得肯定。

1745年（乾隆十年），巡抚杨锡绂作《岳麓书院学规》。

1748年（乾隆十三年），山长王文清手定《岳麓书院学规》。

1782年（乾隆四十七年），罗典任院长，辟“岳麓八景”，修建筑多处。清代岳麓书院主要传授理学和汉学，清道光十一年（公元1831年），湖南巡抚吴荣光于岳麓书院内创办湘水校经堂，以经史、治事、辞章分科试士。

1833年（道光十三年），巡抚吴荣光仿学海堂制，在此创设湘水校经堂，首开湖南书院教学改革之风。

1852年（咸丰二年），太平天国军队进攻长沙，岳麓书院受到战火毁坏，史称“书院毁半”，随后院长丁善庆率诸生捐资又逐次修复。

1868年（同治七年），巡抚刘昆主持进行了一次大规模修建。清末，岳麓顺应历史潮流，设译学、算学等科，增置时务和西学图书，进行了教学改革。

光绪元年（公元1875年），岳麓书院迁往长沙城南，后再度迁建，改名校经书院。使其成为汉学研究的重镇。清末，维新变法思潮的兴起，书院也开始了新学的传播，并产生了较大的影响。

清末实施新政，废书院而兴学堂，“岳麓书院”于清朝光绪二十九年（1903年）被湖南巡抚赵尔巽奏废为湖南高等学堂（1897年长沙时务学堂创立，1899年改为求实书院，1902年改为湖南省城大学堂，1903年与岳麓书院合并组建湖南高等学堂）；1912年，湖南高等学堂奉令停办，工科学生按志愿送到湖南高等工业学校和湖南高等师范学校继续学习；同年，湖南高等师范学校奉命迁入；民国四年十二月《湖南高等师范学校志·建制第二》载：“湖南高等师范学校即故岳麓书院。”（第2页）；1917年，湖南高等师范学校奉令停办，并入武昌国立师范学校。同年，湖南公立工业专门学校迁入，接收了前湖南高师的全部校产和一部分教师；1926年湖南工业、商业、法政三个专门学校合并，正式成立省立湖南大学，仍以岳麓书院为一院，新建校舍为二院；1937年，省立湖南大学被国民政府教育部确立为国立湖南大学。

1938年4月，日本战机轰炸湖南大学校园，岳麓书院部分建筑被毁。1941年4月，日机再次轰炸湖南大学，岳麓书院御书楼、半学斋、静一斋等处均中弹倒塌，文庙大成殿及孔子像被炸毁。抗日战争胜利后，岳麓书院部分建筑被修复。

1953年全国院系调整，湖南大学被撤销。在湖南大学旧址上，以原湖南大学土木系和基础教育部为基础，合并其他一些大学的相关院系，组建中南土木建筑学院；1958年中南土木建筑学院扩充后更名湖南工学院；1959年，国务院正式批准湖南工学院恢复为湖南大学，增设文、理科，设十二个系，重新确定文、理、工综合性大学发展模式。

光绪二十九年（公元1903年）湖南大学堂与岳麓书院合并改为湖南高等学堂。1912年，湖南优级师范学堂迁入岳麓书院，改名为湖南高等师范学校，1917年成立筹备机构，1924年，省议会决议正式筹组湖南大学。1926年2月1日，湖南工专、法专、商专三个专门学校合并成立省立湖南大学，校名匾额悬于岳麓书院大门，并以岳麓书院校舍为第一院。1937年7月，国民政府明令将湖南大学由省立改为国立，任命皮宗石为校长。下设文、法、理、工、商五个学院。其后，经历了抗日战争的迁校复校。中华人民共和国成立以后，办学规模扩大，1949年12月2日，中央人民政府任命李达为湖南大学校长。1950年8月毛主席应李达校长之请，为湖南大学题写校名。1953年院系调整，改为中南土木建筑学院，1958年改为湖南工学院，1959年复名湖南大学。1978年，国务院确定湖南大学为全国重点大学。

岳麓书院致力于建设成为培养国学研究、教学方面的高级专门人才的基地，建设成为既有深厚历史文化背景，又具现代学术研究条件的高端学术平台，建设成为国际上有重大影响力的中外学术文化的交流中心和国内一流的国学重镇。

文物价值

千年学府岳麓书院是三湘人才辈出的历史记录，而爱晚亭内那吟唱着“停车坐爱枫林晚，霜叶红于二月花”的留着一缕长髯的老夫子，那情那景更是让人流连忘返。岳麓书院占地面积21000平方米，主体建筑有头门、二门、讲堂、半学斋、教学斋、百泉轩、御书楼、湘水校经堂和文庙等，并先后恢复重建了延宾馆、文昌阁、崇圣祠、明伦堂及包括供祀孔子、周濂溪、二程、朱熹、张栻、王船山和罗典等的六大专祠建筑原貌，清代书院中的园林和书院八景也全部得到恢复。岳麓书院为中国现存规模最大、保存最完好的书院建筑群。

岳麓书院还以保存大量的碑匾文物闻名于世，如唐刻“麓山寺碑”是唐开元十八年（公元 730 年），由著名的书法家李邕撰文并书写的；江夏黄仙鹤勒石刻篆，因为文、书、刻石都十分精美，向有“三绝”之称。碑高 4 米，宽 1.35 米，碑文共 1400 余字。此碑以其书法著称于世，最为艺林所看重，传拓碑文曾风靡一时，笔法刚劲有力，是最为著名的唐碑之一。除此之外，还有明刻宋真宗手书“岳麓书院”石碑坊、“程子四箴碑”、清代御匾“学达性天”“道南正脉”、清刻朱熹“忠孝廉节碑”、欧阳正焕“整齐严肃碑”、王文清“岳麓书院学规碑”等。

书院八景：柳塘烟晓，桃坞烘霞，桐荫别径，风荷晚香，曲涧鸣泉，碧沼观鱼，花墩坐月，竹林冬翠。

知名学子

彭龟年：太学博士、吏部侍郎，卒后谥忠肃，湖湘学派代表人物。

游九功：刑部侍郎，谥庄简。

胡大时：湖湘学派奠基人胡宏的儿子，张栻门生中的首领。

吴猎：敷文阁直学士，四川安抚制置使兼知成都府。

王夫之：哲学家、思想家。

陶澍：两江总督加太子少保。

彭浚：嘉庆十年（1805 年）状元，内阁侍读学士、太仆侍少卿。

贺长龄：贵州巡抚、云贵总督。

魏源：近代启蒙思想家，著有《海国图志》等。

曾国藩：湘军的创立者和统帅，历任两江总督、直隶总督、武英殿大学士。

左宗棠：湘军重要首领，领军收复新疆，历任两江总督兼南洋通商大臣、军机大臣。

胡林翼：湘军重要首领，湖北巡抚，卒后被追授为太子少保，兵部侍郎。

刘长佑：湘军重要首领，历任广西巡抚、闽广总督、直隶总督、广东巡抚、云贵总督。

曾国荃：湘军重要首领，历任陕甘总督、两广总督、礼部尚书、两广总督兼通商大臣。

刘坤一：湘军重要首领，历任江西巡抚、两广总督、两江总督、钦差大臣。

刘蓉：湘军重要首领，陕西巡抚。

郭嵩焘：中国历史上第一位外交大使。

唐才常：维新变法的重要人物，自立军起义领袖。

熊希龄：北洋政府国务总理。

杨昌济：著名教育家，毛泽东岳父。

范源濂：北洋政府教育总长，北京师范大学首任校长。

程潜：湖南省主席、湖南省省长、全国人大常委会副委员长。

第四节 船山奇人

王船山是继周敦颐之后湖湘文化中的第二根学术标杆，湖南人心中的第二尊精神偶像。他著述42年，写了800多万字，对中国传统文化进行了集中批判和总结，形成了一整套思想，堪称17世纪中国最伟大的思想家。王船山是唯物主义的哲学家，最重要的思想就是让中国的文化跳出了唯心主义的圈子，不仅仅要听天理，不仅仅要听心学，更要看客观实际。他非常强调“趋时更化”，也就是与时俱进。他说我们已经停滞太久，跟世界隔绝了。他提出不仅仅要“道”，而且要“器”，他认为气的进步，是道的进步的先驱。他提出了新的道器观，过去叫作天不变道义不变，孔孟之道不要变。但他提出世界变了，我们的“器”就要变，“器”变了，“道”就会变。他有极高的民族气节，清朝的巡抚请他出来做官，他说：“清风有意难留我，明月无心自照人”，清风就是清朝的风，明月就是明朝的月。因为他自称明朝遗民，一生与清朝不共戴天。他的思想是湖湘近代知识分子的方向盘和发动机。中国近代湖南的知识分子，究其思想渊源，尤其是经世致用的思想都是从王船山这里获得启示的。此后，湖南人乘时而起，经世致用，英才辈出，挽救民族危亡，抛头颅、洒热血，创造了举世瞩目的丰功伟绩。

一、六经责我开生面；七尺从天乞活埋

王夫之（1619—1692年），字而农，号姜斋，汉族，衡州府城南王衙坪（今衡阳市雁峰区）人。晚年他在衡阳湘江西边的石船山下筑草堂而居，人称船山先生。是世界上著名的思想家、哲学家、史学家、文学家和美学家之一，为近代湖湘文化的精神源头，中国朴素唯物主义思想的集大成者、启蒙主义思想的先导者，与黄宗羲、顾炎武并称为明末清初的三大思想家。

1643年（明崇祯十六年），王夫之考中举人，北上会试不成返回家乡。不久，李自成农民军进入北京，尔后，清兵入关，明朝灭亡。王夫之悲愤欲绝，曾于衡山等地图谋起兵反清复明，失败后流落零陵、常宁的深山瑶洞，隐居写作了《周易外传》等书。1675年中，他在衡阳湘江西边的石船山下筑草堂而居，度过了自己晚年的17个寒暑。这时期，王夫之贫病交加，还受到清朝统治者的监视。在艰难的处境中，王夫之毫不丧气懈怠，发孤愤以著述。他在自题画像的中堂联写道：“六经责我开生面；七尺从天乞活埋”。

船山故居厅堂

清朝两江总督陶澍为湘西草堂所题写的匾额：岳衡仰止

他一生的使命就是为了解释明朝灭亡的原因，使中华文化再别开生面。

石船山下湘西草堂是一具明摆着的活棺材，证据也包括堂前两棵据称是船山先生本人栽种的柏树。他为了明志而过着“活死人”的生活，不管是下雨天晴都打雨伞穿木屐，目的是表明自己作为明朝遗臣“头不顶清朝天，脚不踏清朝地”；而且在居室前亲自栽种一般是植于墓地坟头的柏树，目的明显也是表达作为明朝遗臣宁愿“七尺从天乞活埋”。正是船山先生非同凡响的风骨让湘西草堂走进了历史，“七尺”变身为一道瑰伟壮丽的精神风景，雄峙于故国山河大地。

石船山下湘西草堂

二、船山主要著作与思想

王夫之学识极其渊博。举凡经学、子学、史学、文学、政法和伦理等各门学术，造诣无不精深，天文、历数、医理、兵法乃至卜筮、星象，亦旁涉兼通，且留心当时传入的“西学”。岳麓书社出版了《船山全书》，收录了他的几乎全部著述，共800万字。其代表作主要有《永历实录》《周易外传》《周易内传》《尚书引义》《张子正蒙注》《读四书大全说》《诗广传》《思问录》《庄子通》《黄书》《续春秋左氏传博议》《春秋世论》《读通鉴论》《宋论》等。

王夫之庞大的学术体系中，占据统治地位的是他的哲学思想和政治思想。他对中国传统哲学和宋明理学进行了集中的批判和总结，是中国古典哲学的集大成者。政治上反对绝对君权，强调历史发展有其规律，必须审时度势，顺应潮流。他的哲学思想主要包括以下方面。

（1）“气一元论”的唯物论思想。他认为，整个宇宙除了“气”，更无他物。力图对物质世界最根本的属性进行更高的哲学抽象。

（2）唯物主义的道器观。王夫之坚持“无其器则无其道”“尽器则道在其中”的唯物主义道器观，系统地驳斥了割裂、颠倒道器关系的唯心主义思想。他给传统道与器的范畴以新的解释，认为“形而上”的“道”与“形而下”的“器”所标志的一般（共同本质、普遍规律）和个别（具体事物及其特殊规律），两者是“统此一物”的两个方面，是不能分离的。

（3）“太虚本动，天地日新”的辩证法思想。

运动是物质世界所固有的，否定从气以外寻找事物运动原因的外因论。他针对王弼“静为躁君”“静非对动”的动静观，明确肯定“静由动得”，而“动静皆动”，但他并不否认静止的意义和作用，以为相对的静止是万物得以形成的必要条件。阳变阴合的运动过程本身包含着动静两态：绝对的动，相对的静。

王夫之把事物运动变化的原因，明确地归结为事物内部的矛盾性，认为“万殊之生，因乎二气”。他在张载“一物两体”学说的基础上开展了他的矛盾观，提出“乾坤并建”“阴阳不孤行于天地之间”，肯定矛盾的普遍性。

政治思想主要是反对绝对君权，提出“天下非一姓之私”的观点。

强调历史发展有其规律，必须审时度势，顺应潮流，及时变法。

王夫之反对在历史运动之外谈论“天命”“神道”“道统”主宰历史，主张从历史本身去探索其固有的规律，“只在势之必然处见理”。他说的“势”，是历史发展的必然趋势和现实过程，“理”是体现于历史现实过程中的规律性。他肯定理势相成，“理”“势”不可分，理有顺逆之别，势有可否之分。人们的历史实践有各种复杂情况，形成历史事变的复杂性，应当“推其所以然之由，辨别不尽然之实”，从“理成势”和“势成理”等多方面去探讨，才能阐明人类历史的必然趋势和内在规律。

三、船山思想的巨大影响

王夫之是湖湘学术史上重要的人物之一。他上承南宋湖湘学派，下启近代湖湘学术，对近代湖湘文化的转型产生了决定性的影响。

（1）注重春秋大义、夷夏之辨，有强烈的民族意识，并着力弘扬湖湘学术中的民族主义精神。

（2）弘扬经世致用的湖湘学术精神。

（3）主张兼容并蓄，注重开拓创新的学风。

湖南近代出现的五代人才群体，多少都受到船山思想的影响。陶澍、曾国藩、王闿运、谭嗣同、黄兴，乃至毛泽东等对王夫之的学术思想推崇备至。

陶澍到船山故居，题写："岳衡仰止"匾额，字后跋语"衡山王船山先生，国朝大儒也，经学而外，著述等身，不惟行宜介特，足立顽懦。新化邓学博来金陵节署，言其后嗣谋梓遗书，喜贤者之后，克绍家声，固体额以寄。道光十八年四月望总督两江使者前翰林院编修安化后学陶澍敬题。"

谭嗣同对王夫之作了高度评价，"万物招苏天地曙，要凭南岳一声雷"（《论六艺绝句》），认为王船山是五百年来真正通天人之故者。

章太炎也称道说"当清之季，卓然能兴起顽懦，以成光复之绩者，独赖而农一家而已"（《船山遗书序》）。章太炎在辛亥革命取得胜利后评介道：船山学说为民族光复之源，近代倡义诸公，皆闻风而起者，水源木本，瑞在于斯。

"近世的曾文正、胡文忠都受他的薰陶，最近的谭嗣同、黄兴亦都受他的影响。清末民初之际，知识阶级没有不知道王船山的人，并且有许多青年，作很热心的研究，亦可谓潜德幽光，久而愈昌了"（梁启超《儒家哲学》）。

王夫之沿着湖湘学派开创的学术传统，"建立了一个内容丰富、思想深刻、规模宏大的思想体系，下启近代湖湘文化，对近代湖南的各个人才群体、思想家、学者、政治家均产生了广泛而深远的历史影响。"（陈谷嘉、朱汉民《湖湘学派源流》）

毛泽东的早年思想深受船山思想影响。毛泽东与老师杨昌济多次探讨船山学说。1921 年，毛泽东在何叔衡的帮助下，利用船山学社这块场地和学社经费，创办湖南自修大学，培养了一大批革命人才。毛泽东与船山学说和船山学社建立了深厚的感情。新中国成立后的第二年，毛泽东就亲笔书写"船山学社"匾额；1956 年，船山学社重修竣工，毛泽东又再次书写"船山学社"四个大字，以纪念这位伟大的湖湘思想家。

第五节　群星璀璨

一、惟楚有材；于斯为盛

嘉庆十七年（1812 年），湖南宁乡人袁名曜（嘉庆辛酉年进士）受聘担任岳麓书院山长，门人请其撰题大门联，袁以“惟楚有材”嘱诸生应对。众人正沉思未就，湖南贡生张中阶至，众人语之，张中阶应声对曰：“于斯为盛”。这副名联就此撰成。

上联“惟楚有材”，出自《左传·襄公二十六年》。原句是：“虽楚有材，晋实用之”，即楚材晋用的典故。

下联“于斯为盛”，出自《论语·泰伯》：“唐虞之际，于斯为盛”，为孔子盛赞周武王时期人才鼎盛局面。

岳麓书院正门

“惟楚有材；于斯为盛”，这副对联写就之时，湖南的人才还是寥若晨星。袁名曜的好友，湖南安化人陶澍（1779—1839 年，嘉庆七年进士，官至两江总督），在国史馆参与编纂《嘉庆一统志》，一边编书，一边感慨，说我现在正在编辑儒林、文苑列传，湖南除王夫之之外，“得入者寥寥”。

胡适的朋友丁文江，民国时期曾对“二十四史”列传中的人物进行籍贯考订，统计出有籍可考的人物共5780多名，属于湖南籍的只有50多名，占比不到1%。雄霸前五位的省份是：河南（912人）、河北（619人）、浙江（528人）、陕西（505人）和江苏（505人）。

但是，在这副名闻天下的门联出现若干年后，湖南人才开始乘势而起，且一发不可收。整个近代史109年里（1840—1949年），湖南人才辈出，群星璀璨，且权势之重，功业之盛，影响之深，全国无出其右。著名历史地理学家谭其骧在《湖南人由来考》中说：“清季以来，湖南人才辈出，功业之盛，举世无出其右！”以致有“一群湖南人，半部近代史”的说法。

二、一群湖南人，半部近代史

近代湖南人才辈出，先后出现五个重要的人才群体。一是鸦片战争前后经学经世派人才群体，代表人物是嘉道年间的名臣陶澍、贺长龄和思想家魏源等；二是19世纪50—60年代，即咸同年间的湘军集团，主要代表人物为曾国藩、胡林翼、左宗棠、彭玉麟、郭嵩焘等理学经世派和洋务派人才群体；三是19世纪末，即甲午——戊戌年间的维新志士群体，主要代表人物是谭嗣同、唐才常、熊希龄等维新改良派；四是20世纪前十余年间，即清末民初，辛亥革命志士群体，主要有黄兴、宋教仁、陈天华、蔡锷、刘揆一、刘道一、杨毓麟、蒋翊武和焦达峰等资产阶级革命共和派；五是五四运动以后，新民主主义革命家群体，主要代表为毛泽东、刘少奇、蔡和森、彭德怀、李富春、贺龙、任弼时和胡耀邦等。

第一个政治精英人才群体是鸦片战争前后的经学经世派。

陶澍（1779—1839年），湖南安化人，历任安徽、江苏巡抚，官至两江总督。他一生大力提倡实学，认为“有实学，斯有实行，斯有实用”，主张“研经究史为致用之具”，强调读经的目的是经世济时，为现实所用。在他周围，团结着一拨湖南籍人才。他自己则是嘉道年间湘系经世派的首领，为近代湖南人才第一人。

贺长龄（1785—1848年），湖南善化（今长沙）人，江苏布政使任上辅佐陶澍推行改革，主持编订《皇朝经世文编》，后任云贵总督。《皇朝经世文编》是经世派的“圣经”“三湘学人，诵习成风，士皆有经世之志”。

嘉庆十八年（1813 年），岳麓书院来了个学生。这名学生是邵阳隆回县人，之前参加县试、府试，都考取了头名，前途看好。他在岳麓书院待的时间很短，但这段岁月影响了他一辈子。他就是后来编出《海国图志》，主张“师夷长技以制夷”的魏源（1794—1857 年），被誉为“第一个睁眼看世界的人”。魏源曾被陶澍、贺长龄延聘为幕僚，并代贺长龄编辑《皇朝经世文编》。

湖南这一批人才，还有贺长龄的弟弟贺熙龄，曾提督湖北学政，晚年任长沙城南书院山长；贺长龄的女婿、长沙人劳崇光，曾任广东巡抚、云贵总督等职；陶澍的好友、善化人（现属长沙）唐鉴，理学大师，曾代理两江总督；陶澍的幕僚、湘阴人李星沅，官至云贵总督、两江总督兼河道总督等。这些人是近代以来湖南人才崛起的先声。

第二个政治精英人才群体是理学经世派、洋务派。

以曾国藩、左宗棠为代表的湘军将领既以理学经视，又积极接纳西方的科学技术。曾国藩（1811—1872 年）是理学大师、军事统帅，又是洋务派的首领。曾国藩于咸丰年间创办湘军，在治军期间，认识到西方科技的重要，遂于 1861 年兴建近代第一家军工厂——安庆内军械所。湘军将领左宗棠（1812—1885 年）于 1862 年创办了第一个船舰制造机构——马尾船政局。曾国藩其后在上海创办江南机器制造局，并且设立翻译馆，引进国外人才，培养造就了一批外交人才，外事人才。最著名的是郭嵩焘，中国当时最伟大的外交家、思想家。曾纪泽是曾国藩的大公子，精通外语，外交才能非常卓越。他曾在圣彼得堡与俄国人谈判。左宗棠率大军剿灭山西和陕西的回乱，进军新疆，用七八年的时间带着一批将士，收复了新疆的 160 万平方公里，相当于 8 个湖南省的面积。两个湖南人，一文一武、一老一少，一里一外收复了新疆。曾国藩于 1872 年奏请朝廷向美国派出了第一批留学生，这批留美生多为广东人和湖南人，开启了留学的先河。从事工矿、铁路、电报者 30 人，其中工矿负责人 9 人，工程师 6 人，铁路局长 3 人；从事教育事业者 5 人，其中清华大学校长 1 人、北洋大学校长 1 人；从事外交行政者 24 人，其中领事、代办以上者 12 人，外交部部长 1 人、副部长 1 人，驻外大使 1 人，国务院总理 1 人；从事商业者 7 人；进入海军者 20 人，其中 14 人为海军将领。总之，除早亡、留美不归和埋没故里者外，留美学生大都在不同的岗位上为中国的现代化做出了应有的贡献。

第三个政治精英人才群体是维新改良派。

以谭嗣同、唐才常、熊希龄为代表的湖南维新志士，是全国变法维新运动的左翼激进派，在湖南建学堂、办报刊、设学会、倡办近代工矿企业，使湖南成为“全国最富朝气的一省”。可以说维新的前线在北京，大本营在湖南。

湖南浏阳的谭嗣同（1865—1898 年）是维新派的中坚力量，写有维新派的第一部哲学著作《仁学》，抨击封建制度，倡导维新变法。1897 年（光绪二十三年）2 月，谭嗣同回到湖南，在巡抚陈宝箴、按察使黄遵宪、学政江标的支持下，与湖南浏阳的唐才常（1867—1900 年）等倡办时务学堂，时人称谭嗣同和唐才常为“浏阳二杰”。谭嗣同自己担任了分教习，又安排唐才常任中文教习，在教学中大力宣传变法革新理论，“所言皆当时一派之民权论，又多言清代故实，胪举失败”。孔子改制、平等、民权等学说由此而乘风扬波，日益恢张。他还把《明夷待访录》《扬州十日记》等含有民族主义意识的书籍发给学生，向他们灌输革命意识，使时务学堂真正成了培养维新志士的机构。

湖南另一维新派代表人物熊希龄（1870—1937 年）出生于湖南湘西凤凰县，民国时期著名的教育家、社会活动家、实业家和慈善家。曾任时务学堂总理，参与创办《新报》，组织南学会，先后创办湘省近代航运、醴陵瓷业等实业。1913 年任“中华民国”第一任总理。

第四个政治精英人才群体是资产阶级革命共和派。

辛亥革命是以革命的手段实行制度的转换，通过制度的转换来“师夷之长技”追赶西方。

长沙人黄兴（1874—1916 年）是辛亥革命的实际领导者，为建立“中华民国”立下赫赫战功，1912 年出任南京临时政府陆军总长；湘潭人刘道一（1884—1906 年）在萍浏醴起义中英勇献身，是为革命流血的第一人；1911 年，邵阳人蔡锷（1882—1916 年）在云南发动新军响应武昌起义，被推为总指挥。1915 年袁世凯称帝后，蔡锷打响反袁第一枪；此外，常德桃源人宋教仁（1882—1913 年）被任命“中华民国”法制院院长，被称为“宪政之父”；新化人陈天华（1875—1905 年）一生救亡图存、忧国忧民、宣传革命、矢志不移，是辛亥革命时期杰出的鼓动家和宣传家，所著《猛回头》和《警世钟》成为当时宣传革命的号角和警钟。

在辛亥革命时期，武昌起义的一批年轻的将领如刘复基、蒋翊武等都是湖南人，包括他们的“文学社”“前进社”都以一批湖南年轻人为骨干，他们本来想在湖南起义，恰好这个时候湖北因为巡抚带兵去四川镇压保路运动形成真空，所以他们临时决定在武昌起义。起义第二天，长沙响应湖北的武装起义。湖南人焦达峰、陈作新组织湘军驰援武昌，黄兴从外地赶到武昌指挥战争。武昌起义坚持了一个月左右，这段时间全国各地纷纷宣布独立，脱离清廷。因此，在一定程度上可以说，清朝是湖南人推翻的。

第五个政治精英人才群体是新民主主义革命家群体。

从 1919 年五四运动开始，到 1949 年 10 月 1 日中华人民共和国成立，标志着新民主主义革命取得基本的胜利。这场革命最终实现了民族独立、国家统一、人民解放三大目标，在这场伟大的革命之中，湖南人可以说独领风骚，毛主席成为当之无愧的新民主主义革命的伟大的导师、领袖。湖南人是这场革命的主力军，军政界群星璀璨。

这些优秀的湖湘儿女，灿若群星，装点着现代中国美丽的星空，使中华民族卓然屹立于世界民族之林。

三、群星璀璨，崛起密码

1. 湖湘文化的熏陶，为湖南近代人才群体的形成和发展提供了充实的思想内涵和精神力量

湖湘文化源远流长，特别是明末清初，大思想家王船山隐居衡阳 40 余年，著书讲学，吸收各家学术之长，崇尚实学，提倡经世致用，对湖湘文化影响巨大。湖湘文化作为湖湘学派的传承，有着自己鲜明的特色，它兼收并蓄，提倡实用，强调爱国思想。近代湖南几个人才群体都体现出强烈的“经世致用”精神，这种精神是湖湘文化的精神特质。

湖湘学派始终以“康济时艰”“传道济民”为治学宗旨，湖湘学者多能“留心经济之学”，且努力付诸实践。明清之际的王夫之直接接受并发扬了湖湘文化经世致用的传统；嘉道年间贺长龄、魏源提倡经世致用，按照“以实事程实功，以实功程实事”的原则，将清初以来有关治体、钱粮、河工、盐课、农田、仓储、边防、刑政

等奏议文牍分类编辑，名曰《皇朝经世文编》，凡 120 卷，300 多万字，于道光六年（1826 年）出版，其所倡导的经世致用学风影响了 19 世纪的中国思想界，对湖南士风影响尤其重大："三湘学子，诵习成风，士皆有用世之志"；受经世致用学风熏陶，左宗棠自幼立下经世之志，自撰对联云："身无半亩，心忧天下；读书万卷，神交古人"；曾国藩早年也以匡时救世为己任。他自己十分重视"经济之学"，"究心方舆之学，左图右书，钩校不卷，于山川险要，河漕、水利诸大政，详求折中"，他注重实用之学，志向却很高远。他在青年时代就提出："君子之立志也，有民胞物与之量，有内圣外王之业，而后不忝于父母之生，不愧为天地之完人。"正是经世致用学风使湖南一批一批的仁人志士，树立经世之志，致力经世之学，养成经世之才，并成就经世之业。

2. 重教向学之风极盛，促使湖南教育事业迅速发展，为湖南近代人才群体奠定了坚实的基础

岳麓书院作为中国四大书院之首，历经千年而弦歌不绝，培养了大量的经世济民的人才。"千百年楚才导源于此"，书院前门上的这句话实不为过！清中叶之后，岳麓书院在罗典、欧阳厚均等山长主持下成为湖南人才兴起的大本营，陶澍、魏源、曾国藩、郭嵩焘、左宗棠、刘蓉、胡林翼、唐才常、陈天华和杨昌济等都曾就读于岳麓书院。

戊戌维新运动中，湖南创办时务学堂，成立一大批学会组织，成为培养人才和研讨学问之所。林圭、蔡锷、秦力山、范源濂和杨树达等一批湘籍名人都是时务学堂的学生。20 世纪初，湖南大力兴办新式学堂，并渐渐形成了一师、长郡、雅礼、周南、广益、楚怡、明德等一批名校，毛泽东、蔡和森、何叔衡、向警予、罗学瓒、刘少奇、李维汉、李立三、夏明翰和任弼时等都是从这些名校中走出来，走上革命道路的。

重教向学之风还促使湖南在清末民初的留学热潮中走在全国的前列。1902 年，湖南抚院首次官费派遣学生 12 人赴日留学。此后，官私费并举，到 1904 年湖南留日学生达 373 人，占全国留日总数的 11%。五四运动后赴法勤工俭学运动兴起，首批留法 89 人，湖南学生 43 人。到 1920 年年底，赴法湖南学生 364 人，占全国赴法学生 1576 人的 22%，仅次于四川，占第二位。党和国家领导人蔡和森、李立三、向警予、李维汉、李富春和蔡畅等都是从这批留法勤工俭学的学生中脱颖而出的。

3. 政治精英相互提携，形成一种人才链，逐步扩展，逐步增大，形成一个人才团体

在这方面曾国藩最为典型。经他向朝廷举荐而得到重用的人才遍及五湖四海，不可胜数。他特别重视从同乡中选拔人才，认为“同县之人，易于合心”；也注意从学生和亲属中选拔人才，此所谓“打虎亲兄弟，上阵父子兵”。据萧一山《清代通史》所载，湖南中兴人物凡 87 人，36 人来自曾国藩的家乡——湘乡，占 41.4%。据研究，现代湖南军政人才的大量涌现也表现出有规律的群体现象。一是一个地方出现许多著名人才，形成了长沙、湘潭、湘乡、宁乡四个人才籍贯核心区域，这几个核心区域英才荟萃，豪杰如云，产生了毛泽东、刘少奇等。浏阳涌现大批革命家，平江出了大批军事将领，醴陵的著名人物在百人以上。解放军的中将以上人员共 254 人，平江、浏阳各占 14 人。一场大的革命运动往往会造就众多的革命人才。

4. 近代的社会环境与历史条件为湖南近代人才群体提供了现实舞台

湖南近代人才集中在军政方面，企业家甚少，根本的原因在于近代社会充满内忧外患，急需有一个根本性的大变革，大规模的国内战争和民族战争接连不断，湖南军事政治人才的崛起刚好顺应了时代需要。换句话说，近代中国是一个苦难深重的半殖民地半封建社会，要变革这个社会现实，需要大批改天换地的英雄人物，有志向、有能力从事政治、军事活动的人们就有了广阔的活动舞台，就有了脱颖而出的机遇，正所谓时势造英雄。

人的成才需要环境，需要机遇。陶澍、贺长龄、魏源在嘉道年间倡导经世致用，从思想学术上影响了大批湖南士子。但正是太平天国运动为湘军人物的崛起创造了机遇。“湘运之兴，从湘军起”。湘军的成功改变了湖南人的职业观念，“无湘不成军”，许多青年士子乐于投笔从戎，建功立业。湘军时代延续了三十余年，甲午一战画上了句号，但同时又成为湖南志士维新求变的契机。20 世纪初年，清政府实行新政、奖励留学，湖南青年走出国门，随着反清革命运动兴起，湖南志士又在腥风血雨之中叱咤风云，成就反清革命和创建民国的历史功勋。民国建立之后，政局依然动荡，二次革命，护国战争，护法运动，军阀混战，国民革命，土地战争，抗日烽火，解放战争这一连串的斗争，为以毛泽东为代表的新民主主义革命人才群体的涌现创造了机遇。

四、近代湖湘群英谱

“睁眼看世界第一人”——魏源

魏源（1794—1857年），原名远达，字默深，一字墨生，又字汉士，湖南邵阳隆回县司门前镇人。著名学者，中国近代湖湘经学经世派代表，启蒙思想家，被誉为近代“睁眼看世界第一人”。

魏源故居：湖南邵阳隆回县司门前镇学堂湾沙洲上

门联：“沙洲回碧水；朗月照金潭。”

此联系魏源二十一岁时（1814年）所作。沙洲，即魏源故居所在地。金水河自北而南，从故居门前经过，迂曲回环，在故居宅基处形成一个沙洲，形似停泊在河边的船只，故又称船形地。金潭，地名，魏源故居所在地的总称，原有金潭乡，亦为金水河中段水深处的小地名，以盛产黄金得名。

正厅楹柱联：“读古人书，求修身道；友天下士，谋救时方。”

此联亦系魏源二十一岁时所作，悬挂于故居正厅楹柱之上。

读古人书，指读古代圣贤安邦治国的经典著作。魏源一生有两大爱好，一是读书，二是写书。他把“读古人书”作为正厅楹联的出句，可见其对书之爱。魏源的好友龚自珍曾赠他一联曰“读万卷书，行万里路；宗一代典，成一家言”，正是对魏源爱读书、爱写书的生动写照。

求修身道，寻求修养心身的道路、道理和方法。修身，指自身道德品质的修养和学问上的造诣。儒家的读书宗旨是“修身、齐家、治国、平天下”，“修身”是读书的最低目标，由此循序而渐进，达到治国平天下的境界。

友天下士，广结天下贤能的士人为朋友。据李柏荣所著《魏源师友记》记载，魏源一生中结交的朋友甚多，其中交往甚笃者达250余人，如林则徐、陶澍、胡墨庄、姚镜塘、龚自珍和何绍基等当时的名宦和著名学者与乡贤，都是魏源的好友和座上宾，真正实现了“友天下士”的夙志。

谋救时方，寻谋挽救时局的方略。这是魏源“读古人书，求修身道，友天下士”的真正目标。他后来所编著的《海国图志》《圣武记》《明代食兵二政录》《皇朝经世文编》等，都是为“谋救时方”而作的鸿篇巨制。综其一生，正是为“谋救时方”而奋斗不息。

魏源7岁从塾师刘之纲、魏辅邦读经学史，常苦读至深夜。母怜其过勤，每夜定时熄灯令卧，他伺二老熟寐，以被遮灯默读。

9岁赴县城应童子试，考官指着画有“太极图”的茶杯提出“杯中含太极”嘱对。魏源摸着怀中二麦饼对曰：“腹内孕乾坤”。考官大为惊异。

魏源曾就读于岳麓书院。嘉庆十五年（1810 年）庚午科取秀才。嘉庆十六年（1811 年）辛未岁试补廪膳生。嘉庆十八年癸酉科选拔贡。道光二年（1822 年）壬午科中试举人第二名。道光二十四年甲辰，魏源参加礼部会试，中进士，以知州用，分发江苏，任东台、兴化知县。在改革盐政、筑堤治水方面功绩卓著。

魏源一生最大的贡献在于将传统的学术与现实社会政治相结合。编撰的《皇朝经世文编》《圣武记》《海国图志》等巨著，其目的在于“经世致用”，匡扶国家。

道光五年（1825 年），受江苏布政使贺长龄之聘，魏源代为编辑《皇朝经世文编》。魏源按照“以实事程实功，以实功程实事”的原则，将清初以来有关治体、钱粮、河工、盐课、农田、仓储、边防、刑政等奏议文牍分类编辑，共 2000 余篇经世文章，名曰《皇朝经世文编》，凡 120 卷，300 多万字，于道光六年（1826 年）出版，其所倡导的经世致用学风影响了 19 世纪的中国思想界，对湖南士风影响尤其重大：“三湘学子，诵习成风，士皆有用世之志”。

道光二十一年，魏源入两江总督裕谦幕府，直接参与抗英战争，并在前线亲自审讯俘虏。后见清政府和战不定，投降派昏庸误国，愤而辞归，立志著述。道光二十二年完成了《圣武记》，叙述了清朝开国到道光年间的军事历史及军事制度。在文中提出“今夫财用不足国非贫，人材不竞之谓贫；令不行于海外国非羸（弱），令不行于境内之谓羸（弱）。故先王不患财用，而惟亟人材；不忧不逞志于四夷，而忧不逞志于四境。官不材，则国祯富；境无废令，则国柄强”的人才论观点。

他依据林则徐所辑的西方史地资料《四州志》，参以历代史志、明以来《岛志》及当时夷图夷语编成《海国图志》50 卷，后经修订、增补，到咸丰二年（1852 年）成为百卷本。它囊括了世界地理、历史、政治、经济、宗教、历法、文化和物产等方面。对强国御侮，匡正时弊，振兴国脉之路做了比较深入的探索。

提出“以夷攻夷”“以夷款夷”和“师夷之长技以制夷”的观点，主张学习西方制造战舰、火械等先进技术和选兵、练兵、养兵之法，改革中国军队。为了捍卫中国的独立自主，他号召“以甲兵止甲兵”，相信中国人能战胜外国侵略者。他告诫人们在“英吉利蚕食东南”之时，勿忘“鄂（俄）罗斯并吞西北之野心”。

魏源还是一位实干家。他提倡创办民用工业，允许私人设立厂局，自行制造与销售轮船、火器等，使国家富强。他主张革新，要求“去伪、去饰、去畏难、去养痈、去营窟”“以实事程实功，以实功程实事”。并在《默觚》中发挥了“变古愈尽，便民愈甚”和“及之而后知，履之而后艰”的主张，实为近代中国改良思想的前驱。对清王朝长期昧于世界大事，夜郎自大，故步自封，封关锁国的闭关政策和媚外求和的投降路线予以犀利的批判。

魏源的经世学说和实践对此后的洋务运动和维新变法起到了思想启蒙的作用。

魏源提出的“以夷攻夷”“以夷款夷”和“师夷之长技以制夷”的观点，是洋务运动的指导思想。曾国藩、左宗棠等认真研究魏源的著作，学习其实干精神，开启了民族自救运动的先河。

魏源的学习西方、革新求变的思想，启迪了郑观应、薛福成等早期的维新运动思想家，也影响了康有为、梁启超和谭嗣同等维新变法的领袖，其影响力甚至远及日本。

正如梁启超在《论中国学术思想变迁之大势》中指出：“《海国图志》对日本‘明治维新’起了巨大影响，认为它是“不龟手之药”。在《中国近三百年学术史》中指出：“《海国图志》之论，实支配百年来之人心，直至今日犹未脱离净尽。”

咸丰元年（1851 年），魏源授高邮知州，公余整理著述，咸丰三年完成了《元史新编》。后以“迟误驿报”“玩视军机”革职。旋复职，他以年逾六旬，遭遇坎坷，以世乱多故而辞去。

咸丰七年三月初一日（1857 年 3 月 26 日）卒于杭州东园僧舍。终年 63 岁。葬杭州南屏山方家峪。

“地主阶级最厉害的人物”——曾国藩

曾国藩是近代湖南第二个政治精英人才群体——理学经世派、洋务派的代表人物。

富厚堂原称八本堂，取曾国藩“读书以训诂为本，诗文以声调为本，事亲以得欢心为本，养生以少恼怒为本，立身以不妄语为本，居家以不晏起为本，作官以不要钱为本，行军以不扰民为本”的家训，后曾纪泽据《后汉书》“富厚如此”而改现名。

曾国藩出生于晚清一个地主家庭，自幼勤奋好学，6 岁入塾读书。8 岁能读四书、

曾国藩（1811—1872年），字伯函，号涤生，官至两江总督、直隶总督、武英殿大学士，封一等毅勇侯，谥号文正。湖南湘乡人，是著名的政治家、理学大师、湘军的创立者和统帅，洋务派的首领。

位于曾国藩故居的湘军帅字旗（曾国藩是湘军的创立者和统帅）

曾国藩故居富厚堂，又名毅勇侯第，曾国藩的侯府，位于今娄底市双峰县荷叶镇（旧属湘乡），始建于清同治四年（公元1865年）。

曾国藩封一等毅勇侯，清朝开国以来文臣封侯，自曾国藩始。台坪正中是前进大门，门上还悬挂着曾纪泽书“毅勇侯第”4个朱地金字直匾。

诵五经，14岁能读《周礼》《史记》文选。道光十八年（1838年）中进士，入翰林院，为军机大臣穆彰阿门生。累迁内阁学士，礼部侍郎，署兵、工、刑、吏部侍郎。太平天国运动时，曾国藩组建湘军，力挽狂澜，经过多年鏖战后平定太平天国。

曾国藩故居全貌，位于今娄底市双峰县荷叶镇

曾国藩一生奉行为政以耐烦为第一要义，主张凡事要勤俭廉劳，不可为官自傲。他修身律己，以德求官，礼治为先，以忠谋政，在官场上获得了巨大的成功。曾国藩的崛起，对清王朝的政治、军事、文化、经济等方面都产生了深远的影响。在曾国藩的倡议下，建造了中国第一艘轮船，建立了第一所兵工学堂，印刷翻译了第一批西方书籍，安排了第一批赴美留学生。曾国藩是中国近代化建设的开拓者。

曾国藩以儒家思想治军，讲仁守义，自筹湘军，另立纲纪。他创作的《爱民歌》，使湘军士兵行为有所遵循。他写的《讨粤匪檄》文，鼓动了不少知识分子脱下长衫，心甘情愿地投入同太平军的作战。他镇压了太平天国运动，使清王朝得以苟延残喘。他学习西方文化，整肃政风，“匡救时弊”，心存高远，使晚清出现了“同治中兴”。他廉服人心，远权避祸，重礼慎法，编织了最结实的关系网。他知人善任，量才器使，推荐保举的下属有千人之多。其中，官至总督巡抚者就有 40 余人，实现了儒家修身治国平天下，立德、立功、立言“三不朽”大事业。他官升得最快，十年之内，连跳七级，37 岁便官至二品，能有此殊荣者，清代仅有曾国藩。他官做得最稳，侍奉了道光、咸丰、同治三代君王，历时 34 年，恩宠不衰。他官做得最好，政声卓著，治民有言，因而有“从政要学曾国藩，经商要学胡雪岩”的美誉。他君子为学，明道经世，宁静致远，淡看得失。他父慈子孝，兄友弟恭，家教良好，他的《家书》，堪称中国古代家教范本。

著名学者唐浩明说曾国藩是“中国最后一个传统文化集大成者”（《从曾国藩看中国传统文化》）。传统的“内圣外王”在曾国藩身上得到了完美的体现。

曾国藩及其湘军集团对湖湘文化的贡献起到了无法估量的作用。

按照著名学者唐浩明在《湖湘文化与曾国藩》中的概括，曾国藩对湖湘文化的贡献主要有以下四个方面。

一、张扬和提升湖湘文化的固有品质

曾氏所领导的湘军集团，前前后后有三十万人次的进出，历时十多年，转战十余省，在湖南堪称全民动员，全境参与，影响面之广，自有湖湘以来，没有任何一次活动可以与之相比。

首先，湖湘文化的固有品质，如尚武、好斗、喜兵器、轻死、易激发等，在这样一场波及全民全境的军事活动中，得到了极好的发挥空间。同时，也因此得到了极大的张扬。湖南人投军的踊跃，可谓史无前例。正如杨度所说：“城中一下招兵令，乡间共道从军乐”。而且“轻死”到了极点：“父死无尸儿更往，弟魂未返兄愈烈”。

走从军之路，靠热血搏斗来改善生存环境。自曾氏之后，这条路成为许多湖南人的人生首选，以致近代中国军界形成“无湘不成军”的现象。

同时，由于曾氏本人的文化修养以及他所推行的书生带兵的用人制度，长期以来只为士人所信奉和追求的价值观，通过军事管理的效应，得到了一次最好的普及。野史记载，胡林翼军军营不打仗时，请老僧进营房讲《论语》，他自己在一旁恭听，王鑫军营白天打仗，夜晚关紧大门在营房挑灯读书。

四书五经颂书声与习斗声相闻。虽为湘军，寻找了一个核心理念，这个理念是湘军的建军宗旨，即今天广义的团队核心价值观。曾氏为湘军立寨，确定军队宗旨是为保卫道统。历史上称湘军为卫道之师，是一支有文化的军队，也是一支有主义的军队。

其次，因为有了湘军这个组织，世代住在穷乡僻壤的数十万农民，有了外出闯荡的机会，有了人世间最复杂、最机巧、最严酷的争斗经历。他们的眼界大为扩开，他们的胸襟大为拓展，他们的见识大为提高。这里最大的变化是，他们从此知道，除开家庭还有社会，除开生存还有信仰，除开物质还有精神。

于是，湖湘文化在最广大的层面上有了一个质的提升，甚至飞跃。国家、天下、道义等这些过去只是少数士人关心的话题，开始出现在野老村夫的嘴边；相应地，原先的独自意识被提升为敢为天下先的创新意识，向来的功业追求被提升为忧国忧民救世拯时的忧患情怀，天生的使气轻生的血性被提升到为理想而献身的牺牲精神，祖传的霸蛮任事态度被提升为顽强果毅的坚执定力。这里明显地有着一个方向的转移，即由个人转向群体，由私利转向公义，由小村落转向大世界。

经过这次提升后的湖湘文化，开始进入一个全新境界。从此，心系天下、敢为人先、忧国忧民、勇于牺牲、顽强果决、定力坚执等，便成为百余年来湖湘文化精神的主要内容。

二、为湖湘文化注入时代新内涵

曾氏组建湘军，有意识地利用血缘、地缘、业缘这些纽带把人员结合在一起，使得大家在战场上能彼此照应，生死与共，借以克服传统清军中普遍存在的“胜则争功，败不相救”的弊病。在残酷的战场中，用最简单最直白的道理教育着兵勇：团结起来才能打赢，仗打赢了，什么都有了；打输了，什么也得不到，还会负伤丢命，大家都不好。团队观念，就这样为全体所认可。这是湖南人过去所缺乏的。近世湖南团队之多，力量之大，为全国所少见。

如湖南最有名的团队华兴会、新民学会，不仅是中国团队的典范，也是世界政坛上成功团队的典范。在《新青年》上最早向全国人民喊出“民众大联合”口号的，不是别人，而是湖南人毛泽东，由此看来便不是偶然。大革命时期，湖南的农民协会是全国组织得最好的团队，由此看来也便不是偶然。就连湖南的出家人也知道团队的重要。中国佛教协会第一任会长便是湖南和尚八指头陀。

除团队观念外，湖南人开始有了世界眼光，这也是曾国藩为湖湘文化所注入的时代内涵。战争将曾国藩及湘军集团的一批重要领导人，如左宗棠、胡林翼和彭玉麟等推到时代的前列，让他们最早接触西洋的武器，切身体会到洋人坚船利炮的厉害。

据说，胡林翼是被洋船所气死的。

据薛福成的《庸庵军记》记载：胡林翼在长江边上检阅湘军水师正值巳时，下湘英轮鼓浪上行，将湘军水师舰船掀翻，水手落水，英水手拍手大笑。胡呕血倒地，遗言当讲求洋务。战争也逼使曾国藩成为那个时代最先深刻思索、最先寻找对策的政府高级官员。他思索的结果是应该学习西方的科学技术，并且将此观念促成为国策。因为湘军的缘故，“洋务”对湖南影响极大，它大大地扩充着湘人的眼界。从那以后，普普通通的湖南民众的脑子里都开始有了东洋、西洋的概念。

正因为此，清廷派往西方的第一任、第二任大使（郭嵩焘、曾纪泽）都是湖南人。20 世纪，1904 年，全国留日学生 2395 人，湘人 373 人，占 15%。东洋留学生以湘人最多。甚至连年过半百的老太太也迈开小脚，远渡重洋，如杨度的母亲李氏、蔡畅的母亲葛健豪等。

三、为湖湘文化的弘扬筑下坚实的基础

这种基础表现在两个方面。

一是在精神上。

湖湘文化本是一个蕴含伟力的文化，但因为缺乏时代机缘的遇合，长期以来，这种伟力未得到长足的展示。湘军的胜利，使湖湘文化的伟大力量得到充分验证，也使湖南人平添空前未有的自信心，甚至滋生一股舍我其谁的、略带几分狂傲色彩的自恋情结。杨度的几句诗最具代表性：“中国如今是希腊，湖南当作斯巴达。中国将为德意志，湖南当作普鲁士”“若道中华国果亡，除是湖南人尽死”。

这种自信心或者说自恋情结，为湖湘文化的弘扬酿造了一种极为有利的氛围。湖南人以自己的杰出同乡为自豪，进而以生我育我的一方热土为自豪，再进而以绵长的地域文化为自豪。在如此环境中，湖湘文化得到极好的传承和激扬。

二是在物质上。

湘军是一支得胜之师。因为胜利，涌出了一大批人才。从湘军中走出去的大学士、尚书、侍郎、总督、巡抚先后有三十多人，司道以下的官员更多，二品以上的武

官数以千计，三品以下者则不计其数。这些人凭着权势和声望，对湖湘文化的弘扬贡献着自己有形或无形的力量。

也因为是胜利之师，所获的战利品便极多，仅南京一城便号称“金银如海，财货如山”。这些金银财货大部分落入湘军吉字营官勇的腰包。湖南从此冒出一批有钱人。他们经商办实业，建学堂办教育，送子弟到大都市读书，直至漂洋出海，为湖南现代化风气的开启起着重要作用。19 世纪末 20 世纪初，湖南成了全国最有生气的省份。

四、促进湖湘文化走出湖南走向世界

自古以来，湖南与中原、江南相比都比较落后，直到唐代，还被视为地老天荒之境。自从曾氏所创建的湘军成功后，湖南开始被世人刮目相看。“天下不可一日无湖南”，这句话为世所公认。“中兴将帅，什九湖湘”，也是有目共睹的事实。著名历史学家谭其骧说：“清季以来，湖南人才辈出，功业之盛，举世无出其右。”大功业出自大学问。湖湘文化遂因此走出洞庭湖，为海内所重。

“五四”期间，陈独秀在《湖南人的精神》中写道：“几十年前的曾国藩、罗泽南一班人是何等扎硬寨打死仗的书生！黄克强历尽艰难，带一旅湖南兵，在汉阳挡住清军大队人马。蔡松坡带着病亲领子弹不足的两千云南兵和十万袁军打仗。他们是何等坚忍不拔的军人！”坚忍不拔的湖南人精神，在中国社会的剧变时期，就是这样鼓舞着全国民众的。

湖南人的精神还引起世界关注。美国人类学家奥天柏是个研究人文血型的专家，他曾把人类人文血型分为六种，其中的第三种被命名为湖南型。

后世对曾国藩的评价

《清史稿》：国藩事功本于学问，善以礼运。公诚之心，尤足格众。其治军行政，务求踏实。凡规画天下事，久无不验，世皆称之，至谓汉之诸葛亮、唐之裴度、明之王守仁，殆无以过，何其盛欤！国藩又尝取古今圣哲三十三人，画像赞记，以为师资，其平生志学大端，具见于此。至功成名立，汲汲以荐举人才为己任，疆臣阃帅，几遍海内。以人事君，皆能不负所知。呜呼！中兴以来，一人而已。

左宗棠：谋国之忠，知人之明，自愧不如元辅；同心若金，攻错若石，相期无负平生。

李鸿章：师事近三十年，薪尽火传，筑室忝为门生长；威名震九万里，内安外攘，旷世难逢天下才。

蒋介石：①曾公乃国人精神之典范。②辛亥以前，曾阅曾文正全集一书，……民国二年失败以后，再将曾氏之书与胡左诸集，悉心讨究。

毛泽东：①予于近人，独服曾文正。观其收拾洪、杨一役，完美无缺，使以今日易其位，其能如彼之完满乎？②曾国藩是地主阶级最厉害的人物。

胡哲敷：五百年来，能把学问在事业上表现出来的，只有两人：一为明朝的王守仁，一则清朝的曾国藩。

徐中约：曾国藩的政治家风度、品格及个人修养很少有人能予匹敌。他或许是19世纪中国最受人敬仰、最伟大的学者型官员。

汉业唐规西陲永固；秦川陇道塞柳长青——左宗棠

左宗棠也是近代湖南第二个政治精英人才群体——理学经世派、洋务派的代表人物，历史上曾左并称。

左宗棠（1812—1885年），字季高，一字朴存，号湘上农人，谥文襄，清嘉庆十七年（1812年）壬申十月初七生于湖南湘阴左家塅。晚清重臣，军事家、政治家、著名湘军将领。一生经历了湘军平定太平天国运动，洋务运动，镇压陕甘回变和收复新疆等重要历史事件。他也是中国近代洋务运动的代表人物之一，创办了福州船厂、甘肃制造局、兰州机器织呢局等洋务企业。

左宗棠最伟大的贡献是收复新疆，巩固海防。清同治以来，中亚阿古柏入侵南疆；沙俄侵占伊犁，企图霸占北疆。李鸿章等人主张放弃“塞防”，不愿发兵，散布“出兵必败”的论调。左宗棠力排众议，以古稀之年，“扶榇（棺材）西征”，大长士气，凭其军事才能，督军“勿淫掠，勿残杀，王者之师如时雨”（《中华百年祭·军事卷》），得到各族人民的支持。清军“一月驱骤三千余里”，所向披靡，使新疆重新回到了祖国怀抱，接着又屯垦边疆，“授民农法以尽地利”，旋调两江总督。不久，中法战争爆发，左宗棠时任军机大臣，东阁大学士，封二等恪靖侯。他自请赴前线督师，“以钦差大臣督办福建军务”，抱垂暮之病痛之躯，亲临福州布防，组织

“恪靖授台军”东渡台湾。1885 年 9 月 5 日病逝福州军中，谥文襄。临终前，他还自责“未大伸挞伐，张我国威，遗恨平生，死不瞑目”，爱国之忧，感人至深，不愧为杰。

注重经世致用的湖湘传统

左宗棠 18 岁时对地理学产生了浓厚兴趣，他曾购得顾祖禹《方舆纪要》及顾炎武《天下郡国利病书》和齐召南《水道提纲》等书，进行了潜心细致的研究。由于时代变迁，过去地理记载与图籍错误甚多。决心重绘一套新的全国地图，为此夜以继日绘制全国省府地图，历史变革、古今变迁由明至元、宋，上溯“禹贡”九州。事繁工细，精益求精，左宗棠先绘出草图，再由心灵手巧的妻子周诒端绘成正图。经过一年努力终于完成。贺熙龄称他“六朝花月毫端扫，万里江山眼底横，开口能谈天下事，读书深得古人情”。左宗棠也不无自信：“季高近弃辞章，为有用之学，谈天下形势，了如指掌。”后来他在陶府当塾师，又将《图书集成》中康熙舆图及乾隆内府舆图进行对照，纠正早年绘图的错误，可见左宗棠在地理学上所下功夫之深。

第二门是军事学。左宗棠在研究地理的同时重视军事知识的研究与积累，把学习地理与军事学紧密结合起来。读顾氏《方舆纪要》“潜心玩索，喜其所载山川险要，战守机宜，了如指掌”。对《天下郡国利病书》虽也指出有考证疏略和不足之处，却认为此书“熟于古今成败之迹，彼此之势”。魏源叹顾亭林在军事地理学上多言攻而少言守，左宗棠却说“山川形势，攻守随时局转移，至于取守攻防，则易地而可通也”。这些独到见解在他后来的军事实践中得到证明。左宗棠认为战争胜负不仅仅取决于统帅临战的指挥才能，同时取决于双方政治、经济、外交综合实力。因此，在备战中注意选将、练兵、筹饷、战略、战术各方面。如新疆用兵时采取“缓进急战”方针，保证了战争的胜利，是近代史上谋略胆识兼备的卓越军事家。左宗棠多次不无得意地说：“历古以来，戎马书生，而兵锋所指，东极于海，西尽天山，纵横轶荡，未如宗棠者也。”左宗棠年轻时就把地理学与军事学结合研究，功底深厚，为当时曾国藩、李鸿章等众多中兴名臣所不能及。

第三门学问即农学。左宗棠曾经撰联：“纵读数千卷奇书，无实行不为识字；要守六百年家训，有善策还是耕田。”看出他极重农业。三次会试失败便绝意科举，在《与谭文卿中丞书》中云：“弟自戊戌罢第归来，拟长为农夫没世，于农书探讨颇勤。尝自负平生以农学为长，其于区种一事，实有阅历。”他研究古代区种之法，著《广区田图说》。道光二十三年（1843 年），左宗棠拿出多年教书积蓄白银 900 两，在湘阴县东乡柳家冲买田 70 亩并建成农庄，自书其门额曰“柳庄”。次年，举家从湘潭迁回湘阴，自号“湘上农人”，开始经营农业。他采用古时区种之法指导农作物栽培，栽种水稻、茶、桑、竹等作物，以尽地利。因种植、管理得法，收获颇丰，仅茶叶收入不到两年就缴清了全部课税。他写信说：“耕作甚忙，日与庸人缘陇亩。秧苗出苗，流水淙淙，时鸟变声，草心土润，别有一段乐意。”妻周诒端亦作诗：“清时贤俊无遗逸，今日溪山好退藏。树艺养蚕皆远略，从来王道重农桑。”他安于农耕，乐于田园风光，准备作长期打算，躬耕垄亩，不求闻达；但也自视甚高，以孔明自居，怀才待时而动。他整理农学研究加上实践积累的经验，拟著《朴存阁农书》传世。

左宗棠故居柳庄外景

这些实用之学对左宗棠一生影响很大。后来他所到之处，关心民生疾苦，重视农业恢复生产，植树修路，兴修水利，广施惠政。这些思想与作为，与他早年重视经世致用之学有着密切关系。

忧国忧民的爱国情怀

忧国忧民的爱国主义精神和关心时务的议政参政意识，是湖湘文化的光荣传统。2000多年前屈原发其端，到南宋胡宏、张栻及明末清初王夫之等人，无不具有强烈的爱国思想和崇高的民族气节。不畏强暴、先忧后乐、追求真理、敢于拼搏的作风与人格，根植在湖南人心中。湖南自古民风强悍、好胜尚武而勤劳朴实，近人总结系“山国之人，气质刚劲，实亦学风所播，志士朋兴”所造成。左宗棠长期受这种民风熏陶，忧国爱民思想自然浓厚。年轻时就立言“身无半亩，心忧天下”，常以天下为己任。

道光十三年（1833年），时年22岁的左宗棠，参加科举考试失败，他忧虑的不是个人前途和命运，却关心整个国家的治乱兴衰。目睹自道光以来水旱连年，吏治腐败，民不聊生，他忧心忡忡，奋笔写下《燕台杂感》8首：“世事悠悠袖手看，谁将儒术策治安……青衫不解谈实务，漫卷诗书一浩叹”“湘春门外水连天，朝发家书亦惘然”。对于列强觊觎我国边陲的狼子野心，他早年就有所警惕。对新疆地区他说：“西域环兵不计年，当时立国重开边，橐驼万里输官稻，沙碛千秋此石田。”对东南沿海战备废弛深为忧虑：“南海明珠望已虚，承安宝货近何如？”青年左宗棠写下这些忧国忧民、激励人心的诗篇，身上散发出强烈的爱国气息。一个穷困潦倒的落第举人，生计尚难维持，能为国家做点什么？只得叹息“贾生空有乾坤泪，郑綮元非令仆才”。

鸦片战争时期，左宗棠在湖南安化县小港当塾师，从贺熙龄的来信中得知广东沿海一带战争情况，忧心如焚，随即开始研究海防战事。阅览自唐宋以来的史传别录、大清的志承载记及官私图书，凡涉及海国之事都一一研考。在《和庶农上书》中认为，最可忧虑“英人以数十战舰，游弋无定，牵制我七省兵力，反客为主，形成彼逸我劳之势”。提出许多有价值的制敌之策：“加强沿海防务，以一省之兵力，足当一省之用，使英人无隙可击。”还写成《料敌》《定策》《海屯》《器械》《用间》《善后》诸篇，为抗英前线的林则徐出谋划策。林则徐坐镇广东严密防范，英军无隙可击，乃北犯浙江，攻陷定海。清廷惊恐，罢免抗战派首领林则徐并充军新疆伊犁。起用投降派首领琦善，割地赔款，签订丧权辱国的《南京条约》。对此左宗棠痛心疾首，指控投降派“一、二庸臣，念比党阿顺之私，令天下事败坏至此”“西人有轻中

左宗棠像

国之心，相率效尤，将何以应之？”坚决反对和议。还赋诗赞扬林则徐制敌御侮：“司马忧边白发生，岭南千里此长城，英雄驾驭归神武，时事艰辛仗老成”。也抒发愤懑，痛斥投降派的怯懦：“王土孰容营狡窟，岩疆何意失雄台。痴儿盍亦看蛙怒，愚鬼翻甘导虎来”。说出无法为国分忧的苦闷：“欲效边筹裨庙略，一尊山馆与谁论”。此时左宗棠虽未直接与林则徐接触过，由于政治观点相同，倾慕林则徐已久。在给胡林翼信中说：“自海上用兵以来，行河、出关、入关诸役，仆之心如月在林公左右也，忽而悲，忽而喜，尝自笑也。”这些话，说明一介布衣左宗棠对封疆大吏林则徐的敬慕与关切，也反映出他密切关心国家大事的情怀。

“一生不谈和议事，千秋唯有左文襄”。这是后人对左宗棠与外国侵略者作不妥协斗争的高度评价与赞赏。左宗棠一意主战，固然基于他的爱国，同时也由于他来自社会基层，了解人民群众中蕴藏极大的反侵略潜在力量。加上左宗棠谙于军事筹划，自信在战场上能够打败入侵者。此外，左宗棠个性鲜明、充满血性，都与那些未经战事、胆小无能的清朝贵族官僚有着天壤之别。他从不曾被强大的侵略者吓倒。在清廷内部关于“海防”与“塞防”的争论中，坚决反对李鸿章放弃西北，力主出兵消灭阿古柏，维护祖国领土完整，收复被沙俄侵占的伊犁。这是当时清政府在对外交涉中唯一取得的重大胜利。左宗棠高扬爱国主义旗帜，其丰功伟绩将永垂史册，光耀千秋。

在30余年政治生涯中，左宗棠无论在激烈的军事斗争中，还是安定边陲、发展生产以及洋务运动中，处处体现脚踏实地、求真务实的作风和百折不挠、坚韧沉毅的性格。这是湖湘文化中不断探索、一往无前、与时俱进、敢为天下先的文化特质使然。

在洋务运动中，左宗棠通过自己的实践，逐步认识到官办企业的流弊。他主张发展民办企业："官政首在利民，民既利矣，国必与焉。"他的求真务实，与那些一味强调企业官办的洋务派官僚的刻板迥然有异。当然，无论左宗棠本人抑或湖湘文化，都与任何的客观事物一样总有缺点和不足，无法超脱时代的局限。他的思想仅仅停留在"师夷长技以制夷"浅层次，没有能够超出"中学为体，西学为用"的范畴，便是他偏执与保守的一面。这固然是阶级偏见和作为清朝封疆大吏的地位所决定的，但也由于湖湘文化受理学、忠君思想的熏陶影响所致。

1885 年 12 月 10 日，左宗棠葬于善化八都杨梅河柏竹村，即今日的长沙跳马区石门乡柏竹村，墓碑刻"皇清太傅大学士恪靖侯左文襄公墓"。墓刻联语："汉业唐规西陲永固；秦川陇道塞柳长青"。汉业，新疆在汉朝的时候就已经是我们中华的家业了。"唐规"，唐朝的时候就已经进入了我们的版图，规制。秦川就是八百里秦川，象征着咱们的大西北，陇道就是陇海，我们向西走的这条大道。"塞"就是边塞，"柳"就是一种矮小的柳树，这种柳树抗风沙，耐旱。左宗棠把它带到了新疆。

清太傅大学士恪靖侯左文襄公之墓

1985 年，左宗棠逝世一百周年之际，长沙市政府拨款重修了左宗棠墓，并于 11 月举行落成和百周年纪念仪式。墓碑字样则改为"清太傅大学士恪靖侯左文襄公之墓"。

1996 年年底湖南省政府将左宗棠墓列为省级文物保护单位。

名人评价

胡林翼：横览九州，更无才出其右者。

潘祖荫：天下不可一日无湖南，湖南不可一日无左宗棠。

曾国藩：论兵战，吾不如左宗棠；为国尽忠，亦以季高为冠。国幸有左宗棠也。

李鸿章：周旋三十年，和而不同，矜而不争，唯先生知我；焜耀九重诏，文以治内，武以治外，为天下惜公。

彭玉麟：忠君爱国，直做到全始全终。

曾国荃：东戡闽越，西定回疆，天恩最重武乡侯，实同是鞠躬尽瘁。

我自横刀向天笑——谭嗣同

谭嗣同（1865—1898 年），字复生，号壮飞，湖南浏阳人，中国近代著名政治家、思想家，维新派代表人物。其所著的《仁学》，是维新派的第一部哲学著作，也是中国近代思想史中的重要著作。

谭嗣同早年曾在家乡湖南倡办时务学堂、南学会等，主办《湘报》，又倡导开矿山、修铁路，宣传变法维新，推行新政。

公元1898年（光绪二十四年），谭嗣同参加领导戊戌变法，失败后被杀，年仅33岁，为“戊戌六君子”之一。

谭嗣同故居大夫第官邸，位于浏阳市城关镇北正路

早年生活

1865年（清朝同治四年），谭嗣同出生于北京宣武城南孏眠胡同邸第，其父谭继洵时任湖北巡抚。

1870年（同治九年），谭嗣同五岁，时得重病，昏死三日，竟又奇迹般复活，故名“复生”。

1875年（光绪元年），谭嗣同10岁时，拜浏阳著名学者欧阳中鹄为师。在欧阳中鹄的影响下，他对王夫之的思想产生了兴趣，得到了爱国主义的启蒙。他读书务求广博，好讲经世济民的学问，文章写得很有才华。他对传统的时文八股非常反感，在课本上写下“岂有此理”几个字。他仰慕那些锄强济弱的草莽英雄，曾和当时北京的一个“义侠”大刀王五结交，二人成为生死不渝的挚友。

维新志士

1895年（光绪二十一年）4月17日，中日签订《马关条约》，时年30岁的谭嗣同在家乡满怀忧愤，即努力提倡新学，呼号变法，并在家乡组织算学社，集同志讲求钻研，同时在南台书院设立史学、掌故、舆地等新式课程。

1895年（光绪二十一年）5月2日，康有为联合在京参加会试的1000多名举人上书清政府，要求拒和、迁都、变法。深重的民族灾难，焦灼着谭嗣同的心，他对帝国主义的侵略义愤填膺，坚决反对签订和约，对清政府“竟忍以四万万七千万人民之身家性命一举而弃之”的妥协行径极为愤慨。在变法思潮的影响下，开始“详考数十年之世变，而切究其事理”，苦思精研挽救民族危亡的根本大计。他感到“大化之所趋，风气之所溺，非守文因旧所能挽回者”，必须对腐朽的封建专制制度实行改革，才能救亡图存。

1896年（光绪二十二年）2月，谭嗣同入京，结交梁启超、翁同龢等人。

1897年（光绪二十三年）2月，谭嗣同回到湖南，在巡抚陈宝箴、按察使黄遵宪、学政江标的支持下，与唐才常等倡办时务学堂，他首先加强了时务学堂中维新派力量。自己担任了分教习，又安排唐才常任中文教习，协助任总教习的梁启超，在教学中大力宣传变法革新理论，“所言皆当时一派之民权论，又多言清代故实，胪举失败”。孔子改制、平等、民权等学说由此而乘风扬波，日益恢张。他还把《明夷待访录》《扬州十日记》等含有民族主义意识的书籍发给学生，向他们灌输革命意识，使时务学堂真正成了培养维新志士的机构。又倡导开矿山、修铁路，宣传变法维新，推行新政，使湖南成为全国最富朝气的一省。

1898年（光绪二十四年）初，谭嗣同创建南学会，办《湘报》，宣传变法，抨击旧政，成为维新运动的激进派。

1898年（光绪二十四年）6月11日，光绪颁布《定国是诏》，决定变法。同年8月，因为翰林院侍读学士徐致靖的推荐，谭嗣同被光绪帝征召入京。

1898年（光绪二十四年）9月5日，光绪下诏授给谭嗣同和林旭、刘光第、杨锐四品卿衔军机章京，参与变法。次日，光绪又召见他并说：“汝等所欲变者，俱可随意奏来，我必依从。即我有过失，汝等当面责我，我必速改。”光绪帝变法的决心和对维新派的信赖使谭嗣同非常感动，觉得实现自己抱负的机会已经在握。

1898 年（光绪二十四年）9 月底，光绪帝去天津阅兵时，慈禧太后等人早有密谋，发动兵变，废黜光绪帝，一举扑灭新政。谭嗣同密会袁世凯，要袁带兵入京，除掉顽固派。袁世凯假惺惺地表示先回天津除掉荣禄，然后率兵入京。袁世凯于二十日晚赶回天津，向荣禄告密，荣禄密报西太后。

1898 年（光绪二十四年）9 月 21 日，西太后发动政变。慈禧连发谕旨，捉拿维新派。谭嗣同听到政变消息后并不惊慌，置自己的安危于不顾，多方活动，筹谋营救光绪帝。但措手不及，计划均告落空。在这种情况下，他决心以死来殉变法事业，用自己的牺牲向封建顽固势力作最后一次反抗。他对劝他离开的人说：“各国变法无不从流血而成，今日中国未闻有因变法而流血者，此国之所以不昌也。有之，请自嗣同始。”

1898 年（光绪二十四年）9 月 24 日，谭嗣同在浏阳会馆被捕。

英勇就义

1898 年（光绪二十四年），谭嗣同参加戊戌变法。变法失败后，于 1898 年（光绪二十四年）9 月 28 日在北京宣武门外的菜市口刑场英勇就义，年仅 33 岁。同时被害的维新人士还有林旭、杨深秀、刘光第、杨锐、康广仁，六人并称“戊戌六君子”。

1899 年（光绪二十五年），他的遗骸运回原籍，葬在湖南浏阳城外石山下。

清故中宪大夫谭公复生府君之墓（浏阳市城南约 8 公里处嗣同村石山下）

附录

谭嗣同传

梁启超

今年四月，定国是之诏既下，君以学士徐公致靖荐被征。适大病不能行，至七月乃扶病入觐，奏对称旨。皇上超擢四品卿衔军机章京，与杨锐、林旭、刘光第同参预新政，时号为军机四卿。参预新政者，犹唐宋之参知政事，实宰相之职也。皇上欲大用康先生，而上畏西后，不敢行其志。数月以来，皇上有所询问，则令总理衙门传旨，先生有所陈奏，则著之于所进呈书之中而已。自四卿入军机，然后皇上与康先生之意始能少通，锐意欲行大改革矣。而西后及贼臣忌益甚，未及十日，而变已起。

初，君之始入京也，与言皇上无权、西后阻挠之事，君不之信。及七月二十七日，皇上欲开懋勤殿设顾问官，命君拟旨，先遣内侍持历朝圣训授君，传上言康熙、乾隆、咸丰三朝有开懋勤殿故事，令查出引入上谕中，盖将以二十八日亲往颐和园请命西后云。君退朝，乃告同人曰："今而知皇上之真无权矣。"至二十八日，京朝人人咸知懋勤殿之事，以为今日谕旨将下，而卒不下，于是益知西后与帝之不相容矣。

二十九日，皇上召见杨锐，遂赐衣带诏，有“朕位几不保，命康与四卿及同志速设法筹救”之诏。君与康先生捧诏恸哭，而皇上手无寸柄，无所为计。时诸将之中，惟袁世凯久使朝鲜，讲中外之故，力主变法。君密奏请皇上结以恩遇，冀缓急或可救助，词极激切。八月初一日，上召见袁世凯，特赏侍郎。初二日复召见。初三日夕，君径造袁所寓之法华寺，直诘袁曰：“君谓皇上何如人也？”袁曰：“旷代之圣主也。”君曰：“天津阅兵之阴谋，君知之乎？”袁曰：“然，固有所闻。”君乃直出密诏示之曰：“今日可以救我圣主者，惟在足下，足下欲救则救之。”又以手自抚其颈曰：“苟不欲救，请至颐和园首仆而杀仆，可以得富贵也。”袁正色厉声曰：“君以袁某为何如人哉？圣主乃吾辈所共事之主，仆与足不同受非常之遇，救护之责，非独足下，若有所教，仆固愿闻也。”君曰：“荣禄密谋，全在天津阅兵之举，足下及董、聂三军，皆受荣所节制，将挟兵力以行大事。虽然，董、聂不足道也，天下健者惟有足下。若变起，足下以一军敌彼二军，保护圣主，复大权，清君侧，肃宫廷，指挥若定，不世之业也。”袁曰：“若皇上于阅兵时疾驰入仆营，传号令以诛奸贼，则仆必能从诸君子之后，竭死力以补救。”君曰：“荣禄遇足下素厚，足下何以待之？”袁笑而不言。

袁幕府某曰：“荣贼并非推心待慰帅者。昔某公欲增慰帅兵，荣曰：‘汉人未可假大兵权。’盖向来不过笼络耳。即如前年胡景桂参劾慰帅一事，故乃荣之私人，荣遣其劾帅而已查办，昭雪之以市恩；既而胡即放宁夏知府，旋升宁夏道。此乃荣贼心计险极巧极之处，慰帅岂不知之？”君乃曰：“荣禄固操莽之才，绝世之雄，待之恐不易易。”袁怒目视曰：“若皇上在仆营，则诛荣禄如杀一狗耳。”因相与言救上之条理甚详。袁曰：“今营中枪弹火药皆在荣贼之手，而营哨各官亦多属旧人。事急矣！既定策，则仆须急归营，更选将官，而设法备贮弹药则可也。”乃丁宁而去，时八月初三夜漏三下矣。至初五日，袁复召见，闻亦奉有密诏云。至初六日变遂发。

时余方访君寓，对坐榻上，有所擘划，而抄捕南海馆（康先生所居也）之报忽至，旋闻垂帘之谕。君从容语余曰：“昔欲救皇上既无可救，今欲救先生亦无可救，吾已无事可办，惟待死期耳。虽然，天下事知其不可而为之，足下试入日本使馆，谒伊藤氏，请致电上海领事而救先生焉。”余是夕宿日本使馆，君竟日不出门，以待捕者。捕者既不至，则于其明日入日本使馆与余相见，劝东游，且携所著书及诗文辞稿本数册家书一箧托焉。曰："不有行者，无以图将来；不有死者，无以酬圣主。今南海之生死未可卜，程婴杵臼，月照西乡，吾与足下分任之。"遂相与一抱而别。初七八九三日，君复与侠士谋救皇上，事卒不成。初十日遂被逮。被逮之前一日，日本志士数辈苦劝君东游，君不听。再四强之，君曰："各国变法，无不从流血而成。今中国未闻有因变法而流血者，此国之所以不昌也。有之，请自嗣同始！"卒不去，故及于难。

君既系狱，题一诗于狱壁曰："望门投宿思张俭，忍死须臾待杜根。我自横刀向天笑，去留肝胆两昆仑。"盖念南海也。以八月十三日斩于市，春秋三十有三。就义之日，观者万人，君慷慨神气不少变。时军机大臣刚毅监斩，君呼刚前曰："吾有一言！"刚去不听，乃从容就戮。呜呼烈矣！

无公乃无民国，有史必有斯人——黄兴

黄兴（1874—1916 年），汉族，原名轸，改名兴，字克强，一字廑午，号庆午、竞武，曾用名李有庆、张守正、冈本、今村长藏。湖南省长沙府善化县高塘乡（今长沙县黄兴镇凉塘）人。中国近代民主革命家，"中华民国"的创建者之一。

黄兴是辛亥革命时期的先驱和领袖，以字克强闻名当时，与孙中山常被时人以"孙黄"并称。1916 年 10 月 31 日，黄兴病故于上海。1917 年移柩长沙，同年 4 月 15 日，受民国元老尊以国葬于湖南长沙岳麓山。著作有《黄克强先生全集》《黄兴集》《黄兴未刊电稿》及《黄克强先生书翰墨绩》刊行。

黄兴故居（长沙县黄兴镇黄兴新村凉塘）

早年求学

同治十三年（1874 年）10 月 25 日，黄兴诞生于长沙市郊的一个地主家庭，父亲黄筱村是晚清秀才。黄兴幼年时受湖南的明末清初大儒王夫之的影响很深。光绪十九年（1893 年），黄兴入长沙城南书院读书。光绪二十二年（1896 年），考中秀才。光绪二十四年（1898 年），黄兴由长沙湘水校经堂新生，被保送到武昌两湖书院深造。两湖书院在当时是一所比较新式的学堂，课程除经史文学外，还有天文、地理、算学、测量、化学、博物学以及兵操等新学科。黄兴在校期间，“笃志向学，而于地理一科及体操尤为精勤”。他还于“课程余闲，悉购西洋革命史及卢梭《民约论》诸书，朝夕盥诵”，初步接触到西方资产阶级的民主学说。光绪二十七年（1901 年）毕业于武汉两湖书院。

光绪二十八年（1902 年）春，湖广总督张之洞从两湖、经心、江汉三书院选派学生 30 多人，赴日本东京宏文学院速成师范科留学。黄兴这位两湖书院的优秀毕业生，成为这批留学生中唯一的湘籍学生。是年五月（1902 年 6 月），黄兴抵东京。黄兴到日本后，很快就被留学生界蓬勃兴起的资产阶级民主革命思潮所吸引。同年 12 月，他与杨笃生、樊锥、蔡锷等创办了《游学译编》杂志，以翻译为主，介绍西方资产阶级的社会、政治学说和革命历史，宣传民主革命和民族独立。黄兴为扩大影响，在年底又与蔡锷、张孝准、杨笃生等发起组织“湖南编译社”，大量从事译述，介绍西方资产阶级科学文化。黄兴还支持湖北留学生创办了《湖北学生界》，揭露帝国主义瓜分中国的阴谋，宣传“排满”的民族主义。他还领导宏文学院的湘籍学生组成“土曜会”，鼓励挺身杀敌，“从事用兵，以破坏现状为出路”。

黄兴民主革命思想的产生，与孙中山、宋教仁等人有很大的不同。孙中山是从小接受西方教育，受资产阶级民主革命思想的启迪，最终逐渐从改良走上革命道路；宋教仁于光绪二十九年（1903 年）由漳江书院进入新式的武昌文普通学堂后，逐渐走向革命道路的。而黄兴走的是一条秀才造反的曲折道路，同很多中国传统知识分子一样，他的思想也经历从改良到革命的过程。黄兴出生于湖南长沙一个名门望族，宗族中世代都有出仕为官者。到了清朝，黄兴的远祖传下遗训：永不出仕清朝，但大多数成员仍是饱学鸿儒。在这样的家庭背景下，黄兴早年曾系统地接受过传统儒家教育。到 1896 年，黄兴在城南书院求学期间更是顺利通过县、府、院试，考中秀才。但黄兴本人对功名并不热心，当时，黄兴去应考秀才前，他的亲友要置酒预贺，黄兴当即表示，读书是要求真学问的，而应试仅仅是因为母命不可违。这一时期的黄兴，虽然有强烈的爱国情怀，也对科举制度不满，但总的来说还是一个比较传统的知识分子。他喜好军事，课余曾请日本军官讲授军事课程，每天清晨必练习骑马、射击，为日后领导武装起义准备了条件。

投笔从戎

光绪二十九年（1903 年），为抗议沙皇俄国侵占中国东北，黄兴与同学二百余人组织拒俄义勇队（后改为学生军、军国民教育会）。他在拒俄运动中看清了清廷的腐朽与反动，愤慨地指出："中国大局，破坏已达极点。今而后惟有实行革命，始可救危亡于万一耳。"同年回国。黄兴回国后，先到上海，与当时《苏报》的主笔章士钊会晤，并结识了沪、宁等地一些人士。同年 11 月 4 日，黄兴以过 30 岁生日为名，邀陈天华、张继、刘揆一、宋教仁、章士钊等人秘密集会，商定创立华兴会，众人公举黄兴为会长。为避免清廷的注意，对外用"华兴公司"的名义，业务是"兴办矿业"。随后联络会党，定于次年秋乘慈禧过 70 岁生日时在长沙起义。事泄，黄兴逃亡日本。光绪三十一年（1905 年），黄兴在日本结识孙中山，大力支持孙筹组革命组织同盟会，成为会中仅次于孙的领袖，随后即将主要精力放在发展革命分子、组织武装起义上面。

光绪三十一年（1905 年）8 月，中国同盟会成立，在选举总理时，黄兴提议："公推孙中山先生为本党总理，不必经过选举手续。"提议获得一致通过。黄兴还提议把《二十世纪之支那》杂志作为同盟会机关报（后改称《民报》），得到与会者赞同。黄兴被选为庶务（相当于协理），成为同盟会中仅次于孙中山的重要领袖。黄兴在与孙中山共建同盟会上起了重要作用，可以说，同盟会是以孙中山、黄兴为轴心建立起来的。同盟会的成立，加强了革命力量的团结和统一，使中国资产阶级民主革命进入了一个新阶段。此后，他以主要精力从事武装起义，亲自掌握留日陆军学生的入会工作，并从中选拔一些坚定分子组成一个严密的团体"丈夫团"，为进行武装斗争准备力量。同年冬，黄兴化名张守正，潜回国内，至广西桂林巡防营统领郭人漳军中进行策反，发展官佐多人参加同盟会。因郭人漳犹豫不定，黄兴于次年秋返回日本。即派刘道一、蔡绍南等回国，运动军队、会党，策划起义。临行前，"告以今之倡

黄兴

义，为国民革命，而非古代之英雄革命。望时以民族主义、国民主义多方指导为宜”。指出革命之目的绝不是单纯推翻清朝，而是要建立民国，争取民权。这里所说的“国民主义”，即孙中山的民权主义。刘道一抵长沙后，邀集革命同志数十人秘密开会，传达黄兴的意见。会后，刘道一留在长沙掌握全局，蔡绍南等则往萍乡一带联络会党。12 月 4 日，萍浏醴起义爆发，起义者在颁发的檄文中，第一次打出了“中华民国”的旗号。起义虽然失败，但产生了积极的影响。

1919 年 10 月 10 日，武昌起义爆发，黄兴于 28 日赶到武汉，作为革命军战时总司令，率民军在汉阳前线与清军奋战二十余日。黄兴由上海到汉口，湖北军政府在武昌阅马场为黄兴举行隆重的登坛拜将仪式。黄兴就任战时总司令，亲赴前线指挥保卫汉阳、反攻汉口的战斗。在阳夏之役中，与清军激战相持一月，备极艰辛，功绩卓著，为各省独立赢得了宝贵时间。汉阳失陷后，黄兴辞职赴沪，策划北伐，筹组中央临时政府。在武昌起义中黄兴督战武汉，为保卫革命胜利果实做出了重大贡献。

中年病逝

1915 年，袁世凯称帝。9 月底，蔡锷派专人送密信给黄兴，信中谈及国内形势及袁世凯阴谋称帝的种种活动，并提出他自己准备秘密出走和在西南发难的计划，征求黄兴的意见。黄兴接信后，立即命儿子黄一欧和秘书石陶钧先后离美回国，参加讨袁护国运动。在黄兴所派的石陶钧、张孝准等协助下，蔡锷从天津经日本、上海、香港秘密到达昆明，组织和领导了云南护国战争。为了扩大讨袁战线，黄兴于云南起义前夕，写信给不甘附逆的社会名流，如张謇、汤寿潜、唐绍仪等，以及可争取的地方将领，如广西的陆荣廷，动员他们反对袁世凯称帝。

1916 年 1 月，黄兴电促柏文蔚等在南洋筹款接济云南护国军；又密令刘揆一、居正等联合北方同志，“图谋直、鲁革命，以响应南方”。护国战争进展顺利，袁军溃不成军，贵州、广西、广东、浙江、陕西等先后宣布独立。此后，黄兴多方奔走，并不断为此事与孙中山电商。至5月底，日方允借500万日元。袁世凯死后，黄兴于1916年7月回到上海，同孙中山恢复了往日的亲密关系。由于长期为革命事业奔波，积劳成疾，1916年10月10日，黄兴因胃出血入院，10月31日，最终因食道与胃静脉曲张破裂出血（肝门静脉高压所致；根据其死前多次大量吐血以及肝肿大所推测，为肝硬化常见之并发症）在上海去世，时年仅42岁。孙中山亲自主持治丧活动。次年4月15日国葬黄兴于长沙岳麓山云麓峰下小月亮坪。

黄公克强之墓（岳麓山景区云麓峰以北小月亮坪上方）

名人评价

孙中山：常恨随陆无武，绛灌无文，纵九等论交到古人，此才不易。试问夷惠谁贤，彭殇谁寿，只十载同盟有今日，后死何堪。

蔡锷：以勇健开国，而宁静持身，贯彻实行，是能创作一生者。曾送我海上，忽哭君天涯，惊起挥泪，难为卧病九州人。

章太炎：无公乃无民国，有史必有斯人。

程潜：公真不淫不移不屈大丈夫，春申噩耗遥传，把剑几回伤往事；我痛立德立功立言乡先辈，华夏共和再造，执殳两次愧前驱。

为四万万人争人格——蔡锷

蔡锷（1882—1916 年），原名艮寅，字松坡，汉族，湖南邵阳人，近代伟大的爱国者，著名政治家、军事家、民主革命家，“中华民国”初年的杰出军事领袖。蔡锷一生中，做了两件大事，一件是辛亥革命时期在云南领导了推翻清朝统治的新军起义；另一件是四年后积极参加了反对袁世凯称帝、维护民主共和国政体的护国军起义，其遗著被编为《蔡松坡先生遗集》。

蔡锷一生注意辨别政治风云，顺应历史潮流，投身革命运动，在军事理论和战争实践方面都做出了较突出的贡献。特别是在护国战争中，他抱病参战，指挥劣势军队顶住了优势敌人的进攻，逼迫敌军停战议和，表现了他坚定不移、临危不惧的精神和为国为民战斗到底的英雄气概。

蔡锷故居（湖南省邵阳市大祥区蔡锷乡蔡锷村）

学生时代

1882 年 12 月 18 日（清光绪八年十一月初九）生于湖南省宝庆府（今邵阳市）一户贫寒的裁缝家庭。目前，蔡锷出生地有两种说法：一是宝庆府邵阳县亲睦乡蒋家冲（今邵阳市大祥区蔡锷乡蔡锷村蔡锷故居）；二是宝庆府武冈州山门镇水东大坝上（今洞口县水东乡杨万村大坝组）。1887 年，蔡锷随家人迁至武冈山门黄家桥（今洞口县山门镇）。幼年在私塾读书，12 岁考中秀才，16 岁考入长沙时务学堂，师从梁启超、谭嗣同，并受到该学堂中文总教习梁启超的赏识，建立起深厚的师生友谊。后入上海南洋公学（后更名为“国立交通大学”，即今天“上海交通大学”与“西安交通大学”的前身）。

1899 年赴日本，就读于东京大同高等学校、横滨东亚商业学校。这时，中国在腐败的清王朝统治下，山河破碎，国力孱弱，帝国主义虎视鹰瞵，民族危机空前严重。蔡锷像许多热血青年一样，怀着急迫的心情，寻求救国救民的道路。他在一首诗中写道：“流血救民吾辈事，千秋肝胆自轮菌”，倾吐了满腔的爱国抱负。

1900 年随唐才常回国参加自立军起义。失败后改名“锷”，立志“流血救民”。复去日本。先入成城学校，继入陆军士官学校，学习军事，曾参与组织“拒俄义勇队”。

在日本，蔡锷一面如饥似渴地学习军事知识，一面苦苦思索拯救中华的途径。1902 年 2 月，他在梁启超创办的《新民丛报》上，发表了题为《军国民篇》的文章，阐述了他的救国救民主张。他认为中国之所以“国力孱弱，生气销沉”，主要是由于教育落后，思想陈旧，体魄羸弱，武器窳劣等原因造成的。若要改变上述弊病，必须实行“军国民主义”。

1902 年 11 月，蔡锷又考入东京陆军士官学校。他思想活跃，成绩突出，与同学蒋方震、张孝准，同被称为“中国士官三杰”。当时，他虽然热切希望变中国为世界第一等强国，但还没有确立以暴力推翻清王朝的革命思想，仍然抱着从改革军事入手，帮助清廷革除弊政，借以实现富国强兵的理想。

发动起义

1904 年年初，蔡锷从日本士官学校毕业归国。先后应聘任江西随军学堂监督、湖南教练处帮办、广西新军总参谋官兼总教练官、广西测绘学堂堂长、广西陆军小学堂总办、广西陆军讲武堂总办等职。年轻英俊的蔡锷，脚穿长筒靴，腰挎指挥刀，每天扬鞭跃马，威风凛凛，指挥练兵。他讲解精辟，技艺娴熟，要求严格，深受官兵敬佩，被赞誉为“人中吕布，马中赤兔”。不久，云贵总督李经羲聘请他到云南担任军职。

当时，云南和全国一样，民族矛盾和阶级矛盾十分尖锐，以推翻清王朝为宗旨的民主革命运动正在酝酿之中。大批同盟会会员和从日本回国的思想激进的青年军官，分布在云南陆军讲武堂和新军第十九镇中。他们活动频繁，积极策划和组织反清革命斗争。蔡锷虽未参加同盟会，却受到日益高涨的革命形势的影响，暗中与同盟会保持联系，对革命党的活动给予同情和协助。他向同盟会员保证，一旦发生革命，一定给予“绝对同情支持。”

蔡锷戎装照

1911 年（宣统三年）初，蔡锷调云南，任新军第十九镇第三十七协协统。蔡锷在就任云南都督后，积极更新人事，革除弊政，整顿财政，裁减军队，兴办教育，开发实业，使云南呈现出一派生气勃勃的景象。

1911 年 10 月 30 日（农历九月初九），蔡锷与革命党人李根源等在昆明领导新军响应武昌起义，蔡锷被推为临时革命总司令。旋成立云南军政府，任都督。蔡锷于宣统三年（1911 年）二月抵达昆明，这年的农历九月初五日武昌起义，起义成功的消息传到云南后的第三天，蔡锷秘密约集同志刘云峰、刘存厚、唐继尧、韩凤楼、沈汪度、殷承瓛、雷飚、黄永社等计划响应，预定于十二日发动，推蔡锷为总指挥，以新军为骨干。不料事情泄漏，初九日，云贵总督署的总文案熊范舆、刘显治把新军不稳的消息密告李经羲和统制钟麟同，李、钟会商后拟下令解散新军以杜绝乱源。10 月 30 日（农历九月初九）夜，蔡锷等知道时机迫切，千钧一发，遂约同李根源率讲武堂学生自西北攻城，蔡锷自己率三十七协一部分攻东南门。次日中午，起义军胜利攻占云贵总督署。由于 10 月 30 日是农历九月初九重阳节，故史称昆明辛亥起义又为“重九起义”。

11 月 1 日，大中华云南军都督府成立，蔡锷被推举为都督。数日后，云南各府、州、县传檄而定，全省光复，清政府在云南的封建统治被彻底推翻。蔡锷在出任云南都督期间，大力推行新政，发展经济，改善民生，深受军民爱戴，民主共和思想深入人心，在风云变幻的政治舞台上，蔡锷始终坚持国家统一和民族团结的原则立场。

蔡锷进京

1913 年 10 月，蔡锷被袁世凯调至北京加以笼络与监视。此时，蔡锷任全国经界局督办。他一方面领导经界局工作，另一方面仍热心于军事学术活动。他与蒋方震、阎锡山等 11 人组织军事研究会，深入研究各种军事学术问题。其间，他不断上书袁世凯，为国防建设和军队建设献计献策，倾诉他希望建设一支强大武装力量的强烈愿望。然而，野心勃勃的袁世凯，不仅对蔡锷改革军事的热望不予理睬，反而倒行逆施，疯狂地进行军事独裁和复辟帝制活动。

袁世凯自 1912 年成为“中华民国”临时大总统后，其政治野心不断膨胀。他残酷镇压资产阶级革命党人，打击民主共和力量。同时篡改宪法，破坏责任内阁制，强化集权统治，朝着复辟帝制的道路疾进。

最初，蔡锷对袁世凯抱有幻想，认为他“宏才伟略，群望所归”。但是，1915 年 5 月 25 日，袁世凯与日本帝国主义秘密签订卖国的《二十一条》，深深刺痛了蔡锷，让他看清了袁世凯的反动面目。8 月，在袁世凯的授意下，北京出现了一个打着“筹一国之治安”旗号的“筹安会”，公然为复辟帝制制造舆论。接着，各类“联合会”“请愿团”也纷纷粉墨登场，为帝制唱赞歌。12 月，袁世凯完成了复辟帝制的准备，于 12 日宣布接受帝位，下令取消民国，改用洪宪年号。

护国讨袁

袁世凯复辟帝制的活动，让蔡锷气愤已极，他决心以武力“为四万万人争人格”。于是，他表面上装出不关心政治的样子，常去北京八大胡同，与名妓小凤仙厮混，以蒙蔽袁世凯，暗中却多次潜赴天津，与老师梁启超商量讨袁计划，并初步拟定了赴云南发动武装起义的战略设想。内容是：“云南于袁氏下令称帝后即独立，贵州则越一月后响应，广西则越两月后响应，然后以云贵之力下四川，以广西之力下广东，约三四个月后，可以会师湖北，底定中原”。这是个符合当时客观实际的颇具胆识的战略构想。

1915 年 11 月，蔡锷秘密离京赴津，旋以治病为名东渡日本，后经我国台湾地区、香港地区、越南，于12月19日抵达昆明。在民主革命志士云集的云南军队中，从8月中旬“筹安会”成立时起，中下级军官就积极活动，酝酿发动讨袁起义。1915年9月11日以后，以唐继尧为首的团以上军官，又多次举行秘密会议，确立了护国讨袁的战略决策，并着手进行战争准备工作。蔡锷抵达昆明，加速了云南反袁武装起义的爆发。

1915年袁世凯称帝，蔡锷由北京潜回云南，与唐继尧等人于12月25日宣布云南独立，组织护国军，发动护国战争。蔡锷任护国军第一军总司令，唐继尧为云南军政府都督，组成护国军三个军，分别从四川、湘西和广西三个方向出师讨袁。蔡锷为第一军总司令，率4个梯团（旅）约8000人入川，拟对川边敌军突然袭击，出奇制胜，夺占叙州（今宜宾）、泸州诸要地，再北攻成都、东取重庆，尔后挥师东下，会师武汉。

四川战役

1916年春，蔡锷率部在四川纳溪、泸州一带击败优势袁军，迫袁取消帝制。袁世凯死后，蔡锷任四川督军兼省长。

护国军在大洲驿休整数日，士气复振，蔡锷决定对敌反攻。这次反攻，无论是在制订计划，组织协同，还是实施指挥诸方面都有条不紊，果断坚决，在整个护国战争中，堪称精彩的一幕。3月16日，蔡锷令右翼赵又新梯团为主攻，自白节滩经双合场进攻纳溪侧背；中路顾品珍梯团一部由渠坝驿沿叙永河向纳溪正面佯攻；朱德、张煦两支队从侧翼向兰田坝迂回前进，阻击泸州援纳之敌；刘存厚师进攻牛滚场，威胁江安守敌，掩护主力攻纳。17日，几路部队同时向敌发起进攻，连战皆捷，朱德一路甚至挺进到距泸州仅几公里的地方。敌人退到纳溪外围组织环形防御。蔡锷见各路进展缓慢，恐合江之敌抄袭后路，遂于24日令各路军队撤出战斗，退回出发地。经此一战，敌主力“第七师将校伤亡殆尽，士兵损失过半，已无再战能力”。

护国军以弱于敌人的兵力，在饷弹两缺，后方接济时断的情况下，与号称精锐的北洋军奋战数月，虽没有夺占泸州，却牵制住了敌军主力，阻止了敌军的推进，有力地配合了其他方向军队的行动，推动了全国反帝制运动的发展壮大。1916年3月22日，袁世凯被迫宣布取消帝制。泸州前线总司令张敬尧，见胜利无望，也在1916年3月31日与蔡锷达成停战协议。

英年早逝

袁世凯死后，黎元洪继任为民国大总统，1916 年 7 月 6 日，任命蔡锷为四川督军兼省长。但这时蔡锷的病情恶化，他草草处理了四川省善后事宜，即于 9 月东渡日本治喉癌。1916 年 11 月 8 日上午，终因医治无效，病逝于日本福冈，年仅 34 岁。蔡锷在遗嘱中写道："我统率滇之护国军第一军在川战阵亡及出力人员，恳饬罗佩金等核实呈请恤奖，以昭公允；锷以短命，未能尽力为民国，应为薄葬。"

1917 年 4 月 12 日，蔡锷魂归故里，北洋政府在长沙岳麓山为他举行国葬，蔡锷也成为民国历史上的"国葬第一人"。

蔡锷墓（岳麓山风景区白鹤泉左后方的山上）

蔡锷墓占地 1974.72 平方米，系岳麓山民国名人墓葬之一。1956 年被湖南省人民委员会公布列为湖南省重点文物保护单位，2006 年 5 月 25 日被国务院公布为全国重点文物保护单位。

名人评价

孙中山：平生慷慨班都护；万里间关马伏波。

梁启超：知所恶有甚于死者；非夫人之恸而谁为？

康有为：微君之躬，今为洪宪之世矣；思子之故，怕闻鼙鼓之声来！

唐继尧：所至以整军保民为要图，众论之归，大将慈祥曹武惠；平时惟读书致用相敦勖，公言不死，秀才忧乐范希文。

丁怀瑾：成不居首功，败不作亡命，誓师二语，何等光明，故一旅突兴再造共和；下无逞意见，上无争利权，遗书数言，如斯深切，问举国朝野奚慰英灵？

宪政之父——宋教仁

宋教仁（1882—1913 年），字钝初，号渔父，湖南省常德市桃源人，中国“宪政之父”。1902 年，宋教仁考入武昌普通中款学堂，常议论时政，萌生了“实行革命，推翻帝制”的思想，走上了反清革命道路。1904 年 2 月，华兴会在长沙成立，黄兴任会长，宋教仁任副会长；1904 年因长沙起义失败，宋前往日本，入日本东京法政大学学习西方政治；1905 年加入中国同盟会，任司法部检事长；1911 年 10 月 11 日，湖北军政府在武昌成立，宋教仁致力于建设民主共和政权，大力宣传革命宗旨；1912 年，“中华民国”成立，宋教仁被任命为法制院院长；1912 年 8 月，中国同盟会改组为国民党。宋教仁希望在将来的国会选举中，国民党能争取多数席位，在安徽、上海、浙江、江苏等地到处演说；1913 年 2 月，国会选举接近尾声，国民党取得重大胜利；1913 年 3 月，袁世凯惶恐不安，策划构陷宋教仁。未果之下，指使洪述祖派刺客在上海火车站将宋教仁暗杀。

常德桃源县漳江镇渔父村

宋教仁为民主共和国捐躯，举国恸悼。孙中山先生为宋教仁撰写挽联：“作公民保障，谁非后死者。为宪法流血，公真第一人”。宋教仁一生坚守的民主宪政，是反对专制统治的有力武器。宋教仁的理想虽然没有实现，但他的宪政思想和献身精神，在中华民族追求民主的斗争史上，留下了浓墨重彩的一笔。

早期生涯

光绪八年（1882 年），宋教仁出生在湖南常德市桃源。

光绪十四年（1888 年），六岁的宋教仁进入私塾读书。

光绪二十五年（1899 年），17 岁的宋教仁升入桃源漳江书院。

光绪二十八年（1902 年），他考入武昌普通中学堂。翌年入学，在校期间，由吴禄贞等人组织的革命团体在武昌花园山的聚会吸引了他，常与同学议论时政，并走上了反清革命之道路。

日本求学

1904 年 11 月，宋教仁东渡日本，入东京政法大学、早稻田大学学习。在留日期间，他对资本主义的社会制度特别感兴趣，广泛地阅读了西方资本主义政治学说和社会制度方面的书籍。他还翻译了各种文稿，有《日本宪法》《俄国之革命》《英国制度要览》《万国社会党大会略史》《各国警察制度》《世界史年表解》《俄国制度要览》《澳大利、匈牙利制度要览》《比利时、澳匈国、俄国财政制度》《美国制度概要》等。宋教仁从这些翻译工作中，系统地掌握了理论知识，对当时世界重要国家的政治、经济、法律各种制度有了相当深刻的认识，有利于他深入地研究资产阶级共和国方案，这对他后来从事党政工作有极大的帮助。

推广宪政

1913 年 2 月 13 日，宋教仁自汉口沿江东下，2 月 15 日抵达上海，寄住在同孚路 21 号黄兴家中。在国民党选举胜利并且有望组织责任内阁的情况下，孙中山并没有与宋教仁就相关事宜进行直接磋商，反而经过与袁世凯中央政府的密电协商，2 月 10 日，孙中山乘“山城丸”邮轮赴日本进行并不急切的考察访问。

1913 年 2 月 19 日，宋教仁在国民党上海交通部发表演讲，更加明确地撇开孙中山发明的五权宪法而大讲他自己三权分立的宪政设想："讨论宪法，行政、立法、司法三权应如何分配，中央与地方之关系及权限应如何规定，是皆当依法理，据事实，以极细密心思研究者"。接下来，他再一次以激烈言辞全盘否定袁世凯政府当局的内政外交，认为只有国民党方面出面组织的议会政党责任内阁，才是救治"不良政府"的"医生"。

宋教仁像

1913年3月，"中华民国"第一届国会选举基本结束，在宋教仁的主持经营下，国民党取得重大胜利。众议院议员596人，国民党得269议席，共和党得120议席，统一党得18议席，民主党得16议席，跨党者得147议席，无党派26席；参议院议员274人，国民党得123席，共和党得55席，统一党得6席，民主党得8席，跨党者得38席，无党派44席。国民党在参、众两院870议席中占有392席，虽然没有超过半数，由于共和、民主、统一三党加起来只有223席，国民党依然可以凭借其绝对优势影响操纵参、众两院。国民党的选举胜利，进一步抬高了宋教仁的政权预期和政治热情。

遇刺身亡

1913年的"中华民国"国会大选，国民党大获全胜，宋教仁正欲循欧洲"内阁制"惯例，以党首身份组阁之际，同年（1913年）3月20日22时45分，被洪述祖暗杀于上海火车站，子弹从后背射入体内，射中其右肋，斜入腹部，凶手开枪后逃逸。宋教仁疼痛难忍，趴倒在一张椅子上，用手把于右任的头拉到胸口，喘息地说："吾痛甚，殆将不起……"，当时在火车站送行的黄兴、于右任、廖仲恺等将宋教仁送往沪宁铁路医院急救。在医院中他向于右任留下遗嘱：

今以三事奉告：一、所有在南京、北京及东京寄存之书籍，悉捐入南京图书馆；二、我本寒家，老母尚在，如我死后，请克强与公及诸故人为我照料；三、诸公皆当勉力进行，勿以我为念，而放弃责任心。我为调和南北事费尽心力，造谣者及一班人民不知原委，每多误解，我受痛苦也是应当，死亦何悔?

他并授意黄兴代拟电报给袁世凯，讲述自己的中弹经过和革命生涯，最后希望袁世凯能够竭力保障民权，自己则虽死犹生。

手术后，情况没有好转，大小便中出血严重；21 日下午，宋教仁再次被送进手术室，延至 22 日凌晨 4 时 48 分不治身死，年仅 31 岁。身故后，范鸿仙拍下宋教仁遗体的照片，今宋教仁墓安于上海市闸北公园。

一声沉闷的枪响，一颗罪恶的子弹，不仅中断了宋教仁的生命，也中断了中国有史以来最有希望纳入世界民主规范与轨道的进程，打碎了无数仁人志士美好的民主梦想。

宋教仁先生之墓（上海闸北公园）

悼亡挽联

孙中山（两副）

作公民保障，谁非后死者；

为宪法流血，公真第一人。

三尺剑，万言书，美雨欧风志不磨，天地有正气，豪杰自牢笼，数十年季子舌锋，效庄生索笔；

五丈原，一抔土，卧龙跃马今何在，冠盖满京华，斯人独憔悴，洒几点苌弘血泪，向屈子招魂。

章太炎

愿君代彗孛

为我扫幽燕

若道中华国果亡，除非湖南人尽死——杨度

杨度

杨度（1875—1931 年），原名承瓒，字晳子。后改名度，别号虎公、虎禅，又号虎禅师、虎头陀、释虎。清末爱国志士。湖南省湘潭县姜畲石塘村人。

戊戌变法期间，接受康有为、梁启超等改良派的维新思想。光绪三十二年（1906 年）主编《中国新报》，发表《金铁主义说》，主张君主立宪。同年，杨度又写《中国宪政大纲应吸收东西各国之所长》和《实施宪政程序》两文，与梁启超的《东西各国宪政之比较》一起上奏。第二年，清政府将政治考察馆改为宪政编查馆，杨度任该馆提调，参与沈家本主持的修律工作。宣统二年（1910 年），清资政院会议期间，杨度指出中国必须在法律上消除家族的各种特权，国家和人民之间，是直接的权利义务关系，国家对人民要有“教之之法”和“养之之法”，国家要给人民以“营业、居住、言论等自由”，人民“对于国家担负责任”。这一名为“国家主义”实质上仍是“金铁主义”的法律理论，遭到以劳乃宣为代表的守旧派的抨击。

从清末到民初，杨度始则反对共和革命，继则参加袁世凯的复辟活动。他的君主立宪救国理论在实践中处处碰壁，最后彻底破产。五四运动以后，工农革命运动让他

看见了中国的未来。他长期与李大钊等共产党人接触，世界观也有了根本的转变。1929年秋，在严重的白色恐怖中，他申请加入中国共产党，经党批准，成为秘密党员，为党做了很多有益的工作。1931年逝世于上海。杨度的一生集中表现了近代中国部分知识阶层的矛盾和困惑，是近代中国艰难崛起的缩影。

《湖南少年歌》系杨度流亡日本时所作，首次发刊于梁启超的《新民丛报》，是杨度代表湖南青年对梁启超所作的《少年中国说》的呼唤之应答。通篇气势磅礴，慷慨激昂，尤以“若道中华国果亡，除非湖南人尽死”一句，对湖南的爱国青年产生了强烈的鼓舞作用。

“我本湖南人，唱作湖南歌。湖南少年好身手，时危却奈湖南何？湖南自古称山国，连山积翠何重叠。五岭横云一片青，衡山积雪终年白。沅湘两水清且浅，林花夹岸滩声激。洞庭浩渺通长江，春来水涨连天碧。天生水战昆明沼，惜无军舰相冲击。北渚伤心二女啼，湖边斑竹泪痕滋。不悲当日苍梧死，为哭将来民主稀。空将一片君山石，留作千年纪念碑。后有灵均遭放逐，曾向江潭葬鱼腹。世界相争国已危，国民长醉人空哭。宋玉招魂空已矣，贾生作吊还相渎。亡国游魂何处归，故都捐去将谁属？爱国心长身已死，汨罗流水长呜咽。当时猿鸟学哀吟，至今夜半啼空谷。此后悠悠秋复春，湖南历史遂无人。中间濂溪倡哲学，印度文明相接触。心性徒开道学门，空谈未救金元辱。惟有船山一片心，哀号匍匐向空林。林中痛哭悲遗族，林外杀人闻血腥。留兹万古伤心事，说与湖南子弟听。

于今世界翻前案，湘军将相遭诃讪。谓彼当年起义师，不助同胞助胡满。夺地攻城十余载，竟看结局何奇幻。长毛死尽辫发留，满洲翎顶遍湘州。捧兹百万同胞血，献与今时印度酋。英狮俄鹫方争跃，满汉问题又挑拨。外忧内患无已时，祸根推是湘人作。

我闻此事心惨焦，赧颜无语谢同胞。还将一段同乡话，说与湘人一解嘲。洪、杨当日聚群少，天父天兄假西号。湖南排外性最强，曾侯以此相呼召。尽募民间侠少年，誓翦妖民屏西教。蚌鹬相持渔民利，湘粤纷争满人笑。粤误耶稣湘误孔，此中曲直谁能校？一自西船向东驶，民教相仇从此起。此后纷纭数十春，割土赔金常坐此。北地终招八国兵，金城坐被联军毁。拳民思想一朝熄，又换奴颜事洋鬼。国事伤心不可知，曾、洪曲直谁当理。莫道当年起事时，竟无一二可为师。罗山乡塾教兵法，数十门生皆壮儿。朝来跨马冲坚阵，日暮谈经下讲帷。今时教育贵武勇，罗公此意从何知？江、彭游侠时惟耦，不解忠君惟救友。意气常看匣里刀，肝肠共矢杯中酒。江公为护死友骨，道路三千自奔走。曾侯昔困南昌城，敌垒如云绕前后。彭公千里往救亡，乞食孤行无伴偶。芒鞋踏入十重围，大笑群儿复何有！桂阳陈公慕嚣述，湘乡王公兵反侧。大势难将只手回，英雄卒令吞声没。

更有湘潭王先生，少年击剑学纵横。游说诸侯成割据，东南带甲为连横。曾胡欲顾咸相谢，先生笑起披衣下。北入燕京肃顺家，自请轮船探欧亚。事变谋空返湘渚，专注《春秋》说民主。廖、康诸氏更推波，学界张皇树旗鼓。呜呼吾师志不平，强收豪杰作才人。

常言湘将皆伧父，使我闻之重抚膺。吁嗟往事那堪说，但言当日田间杰。父兄子弟争荷戈，义气相扶团体结。谁肯孤生匹马还，誓将共死沙场穴。一奏军歌出湖外，推锋直进无人敌。水师喷起长江波，陆军踏过阴山雪。东西南北十余省，何方不睹湘军帜？一自前人血战归，后人不叹《无家别》。城中一下招兵令，乡间共道从军乐。万幕连屯数日齐，一村传唤千夫诺。农夫释耒只操戈，独子辞亲去流血。父死无尸儿更往，弟魂未返兄逾烈。但闻嫁女向母啼，不见当兵与妻诀。十年断信无人吊，一旦还家谁与话？今日初归明日行，今年未计明年活。军官归为灶下养，秀才出作谈兵客。只今海内水陆军，无营无队无湘人。

独从中国四民外，结此军人社会群。茫茫回部几千里，十人九是湘人子。左公战胜祁连山，得此湖南殖民地。欲返将来祖国魂，凭兹敢战英雄气。人生壮略当一挥，昆仑策马瞻东西。东看浩浩太平海，西望诸洲光陆离。欲倾亚陆江河水，一洗西方碧眼儿。

于今世界无公理，口说爱人心利己。天演开成大竞争，强权压倒诸洋水。公法何如一门炮，工商尽是图中匕。外交断在军人口，内政修成武装体。民族精神何自生，人身血肉拼将死。毕相、拿翁尽野蛮，腐儒误解文明字。欧洲古国斯巴达，强者充兵弱者杀。雅典文柔不足称，希腊诸邦谁与敌？区区小国普鲁士，倏忽成为德意志。儿童女子尽知兵，一战巴黎遂称帝。内合诸省成联邦，外与群雄争领地。

中国如今是希腊，湖南当作斯巴达，中国将为德意志，湖南当作普鲁士。诸君诸君慎如此，莫言事急空流涕。若道中华国果亡，除非湖南人尽死。尽掷头颅不足痛，丝毫权利人休取。莫问家邦运短长，但观意气能终始。埃及波兰岂足论，慈悲印度非吾比。

我家数世皆武夫，只知霸道不知儒。家人仗剑东西去，或死或生无一居。我年十八游京甸，上书请与倭奴战。归来师事王先生，学剑学书相杂半。十载优游湘水滨，射堂西畔事躬耕。陇头日午停锄叹，大泽中宵带剑行。窃从三五少年说，今日中国无主人。每思天下战争事，当风一啸心纵横。

地球道里凭空缩，铁道轮船竞相逐。五洲四入白人囊，复执长鞭趋亚陆。探马惟摇教士钟，先锋只看商人服。邮航电线工兵队，工厂矿山辎重续。执此东方一病夫，任教数十军人辱。人心已死国魂亡，士气先摧军势蹙。救世谁为华盛翁，每忧同种一书空。群雄此日争追鹿，大地何年起卧龙。

天风海潮昏白日，楚歌犹与笳声疾。惟恃同胞赤血鲜，染将十丈龙旗色。凭兹百战英雄气，先救湖南后中国。破釜沉舟期一战，求生死地成孤掷。诸君尽作国民兵，小子当为旗下卒。”

第六节　旷世伟人

“毛泽东同志为中国新民主主义革命的胜利、社会主义革命的成功、社会主义建设的全面展开，为实现中华民族独立和振兴、中国人民解放和幸福，做出了彪炳史册的贡献。毛泽东同志毕生最突出最伟大的贡献，就是领导我们党和人民找到了新民主主义革命的正确道路，完成了反帝反封建的任务，建立了中华人民共和国，确立了社会主义基本制度，取得了社会主义建设的基础性成就，并为我们探索建设中国特色社会主义的道路积累了经验和提供了条件，为我们党和人民事业胜利发展、为中华民族阔步赶上时代发展潮流创造了根本前提，奠定了坚实的理论和实践基础。”

“毛泽东同志是伟大的马克思主义者，伟大的无产阶级革命家、战略家、理论家，是马克思主义中国化的伟大开拓者，是近代以来中国伟大的爱国者和民族英雄，是党的第一代中央领导集体的核心，是领导中国人民彻底改变自己命运和国家面貌的一代伟人。”（习近平在纪念毛泽东同志诞辰120周年座谈会上的讲话）

横空出世

1893年12月26日的清晨，在湖南湘潭韶山冲的一个普通的农舍里，诞生了一个小男孩。正是这个从山沟里走出的男孩，彻底改变了近代中国的面貌和中国人的命运。他就是旷世伟人毛泽东。毛泽东是其父母孕育的第三个孩子，前两个孩子夭折了，儿时的毛泽东拜家乡的一块巨石做石头干娘，乳名叫石三伢子。

毛泽东八岁才在家乡的私塾启蒙读书。但他对私塾先生教的《四书》《五经》兴趣不大，却喜欢读那些古典小说，如《水浒传》《三国演义》等，并被梁山好汉的不畏强权、敢于反抗的精神所打动。

毛泽东从小嗜书如命，在韶山冲阅读了所能借到的所有书籍。1906年，毛泽东刚满13岁，就辍学在家，帮助父亲料理农活。然而，繁重的田间劳动并没有磨灭少

毛泽东故居

年毛泽东的读书意志。每当夜深人静之时，他便悄悄从床上爬起来，关闭窗户，点上油灯，偷偷阅读他能够找到的一切书籍。在浩瀚的书海里，其中有一本书深深地吸引着毛泽东，并令他终生难忘，这就是郑观应的《盛世危言》。这也是他阅读的第一本讨论社会政治问题的著作，阅后深受启发。他说，《盛世危言》激起了他恢复学业的愿望；同时，对地里的劳动也感到厌倦了。为此毛泽东父子发生了口角，最后毛泽东从家里出走，争得了读书的自由。《盛世危言》是毛泽东的表兄文咏昌从湘棠阁那里借来的。毛泽东深爱这本书，特从表兄处借阅。至今在韶山毛泽东同志纪念馆的展室里，还能看到毛泽东当年的还书便条。这张便条是用毛笔写的："咏昌先生：书十一本，内《盛世危言》失布匣，《新民丛报》损去首页，抱歉之至，尚希原谅。泽东敬白。正月十一日。"这张便条现已成了珍贵文物，我们可以从中看到少年毛泽东读书生活的一个缩影，和向表兄道歉的虔诚的态度。17 岁那年，毛泽东告别父母，走出韶山冲。临行前，他改写了一位日本人写的言志诗，悄悄夹在了父亲每天必看的账簿里，诗里说："孩儿立志出乡关，学不成名誓不还。埋骨何须桑梓地，人生无处不青山。"

求学救国

毛泽东 17 岁到东山学堂，立即显露出他的超凡才华。在入学考试的作文题"言志"中，毛泽东抒发了自己求学救国的志愿。他的作文被老师们争相传阅，老师赞赏他"我们学堂多了一名救国材"。在东山学堂，毛泽东眼界大开。在这里，他感受到了老师们鲜明的爱国思想，接触到了自然科学和西学的一些新学科，学了一些外国的历史和地理知识。他第一次听说美国这个国家。当他听老师讲“华盛顿经八年苦战，始获胜利，遂建国家”时，他说，“中国也要这样的人物”。毛泽东在读了梁启超的《新民丛报》之后很受启发与鼓舞，在报上写了很多自己的见解与批注，多是表达自己的爱国之情与对当时时政的一些观点。在东山学堂半年求学的日子里，救国救民、改造社会的思想深深地印在了他的脑海里。

湖南省立第一师范学校

1911年，毛泽东来到湖南省的大都会长沙“见世面，经风雨”。在湖南省立图书馆自修了半年后，于1913年春，考入湖南公立第四师范学校。第二年春季，第四师范合并于第一师范。毛泽东在一师刻苦求学，直到1918年夏季毕业。毛泽东主张青年人应该多关心国家大事，主张学习的目的应该与国家前途命运结合起来。他说：“现在时局危急，求知的需要迫切。”他学习的目的与当时社会上一些青年学生谋求个人地位名利的目的是不同的，是为救国救民“储备知识”。毛泽东认为，只有为救国而立志求真理才是“真志”。“求学救国”是青年毛泽东求学时代的主题，在他整个求学道路上起着重要的支配作用，规范着其求学的方方面面。

在湖南一师求学期间，毛泽东深受湖湘文化的影响，这与他的老师杨昌济有莫大的关系。杨昌济曾留学日本六年，毕业后又在英国学习三年，后又在德国考察教育一

青年毛泽东

年，同时他对湖湘文化也有极深的研究和修养。所以，他特别主张搞学问要“贯通今古，融合中西”，而自己一定得有分析、甄别和批判的精神。毛泽东在一师读书五年半，从这位恩师那里受益终身。杨昌济在湖南第一师范主讲哲学和伦理修身课，“所讲不限于西洋之伦理学说”，中国先儒如“王船山学说亦间取之”。杨昌济在其日记、文章和自编的教材中，极为推崇王船山、魏源、曾国藩、谭嗣同等湖湘文化中的重要代表人物。一师时期，毛泽东在他的引导下开始阅读包括《船山遗书》《曾国藩家书》《仁学》等在内的湖湘文化的代表性著作，深受这些先贤的影响。在湖南一师期间，毛泽东还多次前往岳麓书院，对湖湘诸贤钦慕不已。例如，对于王船山，毛泽东可谓终生不忘。他在学生时代的笔记《讲堂录》中就记下了王船山“有豪杰而不圣贤者，未有圣贤而不豪杰者也”的论断，并做了发挥。1914 年，长沙成立了船山学社，青年毛泽东等前往听讲。1937 年毛泽东在抗战军政大学讲哲学，备课时研读过《船山遗书》。由于手头该书不齐全，还写信给在长沙主持八路军办事处的徐特立，请求帮忙设法补齐所缺各册。1959 年 10 月 30 日，毛泽东出京视察时，王船山关于哲学和历史方面的著作在他指明要带走的书籍清单之列。直到晚年，毛泽东还肯定了王船山的朴素唯物主义，称赞“王夫之的古代唯物论”是中国教育史中不可忽视的重要部分。

对于曾国藩，青年毛泽东也非常推崇，曾将阅读《曾国藩家书》作为常课。他在《讲堂录》中记有曾国藩的不少语句，点评历史人物时将曾国藩列为“办事而兼传教之人”，这是极高的评价了。甚至还表示：“愚于近人，独服曾文正”。毛泽东后来成为一个伟大的马克思主义者，依然认为曾国藩的某些东西还是可供借鉴的。直到晚年，他还称“曾国藩是地主阶级中很厉害的人物”。

左宗棠写过一对联自况，上联是“身无半亩，心忧天下”。毛泽东的朋友，则这样形容毛泽东：身无半文，心忧天下。

毛泽东也特别推崇徐特立先生的“不动笔墨不读书”的学习方法。所谓“动笔墨”，就是不只是读前人的书，而且要经过认真思考和消化，把自己的心得和看法写下来。读书必动笔墨，这是毛泽东一直保留着的一个学习习惯。一师学习期间，毛泽东每天写日记，读报写摘记，读书写笔记、作眉批，对不易找到的好书，有时整本地抄下，如杨昌济翻译的《西洋伦理学史》，尚未出版，他就借来，一字不漏地全文抄了下来，共七大本。

这个时候，毛泽东形成了自己的读书方法。他既善于“静中求学”，为此可以一个人跑到山林里，静静读书；也能够“闹中求静”，为此有时他特意坐在车水马龙的街心看书。毛泽东以他自己颇具个性的方式，如饥似渴地读书，除了认真地上老师们开设的课程、完成老师布置的作业，他还广泛阅读国文、历史、地理、哲学，还不间断地阅读报纸和新来的书籍。在学校，毛泽东几乎每天都是起得最早的一个，洗漱之后，就到自修室读书。课余时间他不是到阅报室看报，就是到图书馆找书。大家睡觉了以后，他还常常在饮茶室和走廊等处看书，因为这些地方的灯光是通宵不熄的。

这期间，毛泽东越来越不满足于做书斋里的学问，尤其是新文化运动这样一场深刻的思想解放运动，在不断地影响着毛泽东、改变着毛泽东。这时的毛泽东开始更多地关注社会变动。1915 年，袁世凯为了使日本支持他复辟帝制，竟接受了日本提出的灭亡中国的“二十一条”的主要条款。一师学生将几篇反对卖国条约的言论汇编成册，题名《明耻篇》，毛泽东更是义愤填膺，挥笔在封面上写道：“五月七日，民国奇耻；何以报国？在我学子！”毛泽东还冒着生命危险，在长沙城内散发反袁称帝的小册子。这时的毛泽东也十分重视社会实践和接触工农群众。在一师的高年级期间，他经常利用课外时间和附近的群众接触。1917 年夏，他利用暑假和一位朋友徒步九百余里，足迹遍及五个县，花了一个多月时间，到农村进行社会调查。毛泽东特别崇尚这样的社会调查，认为它既是“锻炼筋骨”，更是锻炼意志。这时期的毛泽东还十分热心地主持过学友会，创办过工人夜校。

与社会的实际接触，让毛泽东体会到要改造社会必须组织一个坚固的团体，要有一大批志同道合的朋友。1917 年冬，他和几个朋友发起组织“新民学会”。1918 年 4

月，在蔡和森的家中正式成立。“新民学会”的宗旨，开始是“革新学术，砥砺品行，改良人心风俗”。随着实践斗争的发展，到1920年，改为“改造中国与世界”。这个学会后来成为革命群众运动在湖南的核心力量，许多会员后来加入中国共产党和社会主义青年团，为中国革命事业做出了重大贡献。

信仰马列

湖南一师毕业后，毛泽东当了一段时间的小学教师。两个月后，为了筹备新民学会会员赴法勤工俭学，毛泽东第一次来到北京。10月，为了生活上的需要，同时便于在北大听课，经杨昌济介绍，毛泽东在李大钊任主任的北大图书馆作助理员。这使得毛泽东除了能够更方便地读到那些进步的书刊、报纸，有条件在学术空气最为浓厚的北大听课、参加学术活动，也使他有机会能和包括李大钊在内的一批最早接受马克思主义的先进分子接触，有机会接触当时新文化运动的头面人物，直接站在了新文化运动的前沿地带。这个时候，李大钊论十月革命和介绍马克思主义的文章正陆续发表。在这样的氛围里，尤其是在李大钊的影响下，毛泽东开始向着马克思主义者转变。毛泽东怀着极大的热情拜读李大钊的《庶民的胜利》《布尔什维主义的胜利》等歌颂俄国十月革命和宣传马克思主义的文章，还积极参加了李大钊组织的各种学术活动。毛泽东在谈及自己这段人生经历的时候曾说：“我读了六年孔夫子的书，又读了七年资本主义的书，到一九一八年才读马列主义。”1949年3月下旬，中共中央机关从西柏坡迁往北平时，毛泽东曾无限感慨地说：“30年了！30年前我为了寻求救国救民的真理而奔波。在北平遇到了一个大好人，就是李大钊同志。在他的帮助下，我才成为一个马克思主义者。可惜呀，他已经为革命献出了宝贵的生命。他是我真正的好老师，没有他的指点和教导，我今天还不知在哪里呢！”

1919年3月，毛泽东和湖南籍的赴法勤工俭学的学生去上海，在上海的20多天中，他两次参加学生们的联欢会。4月，病重的母亲在大弟毛泽民的护送下来到长沙，借住在岳麓山下的蔡和森家。毛泽东急忙回到长沙，赶到母亲身边。

一个月后，中国爆发了反帝反封建的五四运动。作为在俄国十月革命影响下发生、揭开了我国新民主主义革命序幕的爱国民主运动，五四运动推动了马克思列宁主义在中国的传播，也使毛泽东受到全面、深刻的洗礼。远在湖南的毛泽东，以他的方式把自己融汇到了这场伟大的运动之中。毛泽东认识到，改造中国则必须用思想理论从深层唤醒民众。所以，此后的一两年，他以犀利的笔锋，从各个领域、各个角度写下了大量的讨伐帝国主义、封建主义的檄文，毛泽东的名字开始频频出现在《湘江评论》《新湖南》《女界钟》《大公报》等重要报刊上。由此，毛泽东进入了他著述的第一个高峰期。

毛泽东还把他的主张付诸实践。1919 年下半年，毛泽东组织、发动了驱逐湖南军阀张敬尧的斗争，这场斗争也是五四运动的继续和发展，通过这场斗争，毛泽东作为革命家的实践已经凸显出来了。12 月底，毛泽东组织请愿团到了北京。他曾多次亲自带领群众到新华门，向北洋军阀政府请愿示威。经过斗争，这场“驱张”运动最终取得了胜利。

毛泽东第二次到北京，是他从具有初步共产主义思想的知识分子发展为马克思主义者的一个关键阶段。这期间，毛泽东与李大钊深入地研究、热烈地讨论关于十月革命和马列主义著作，与刚刚建立的马克思学说研究会的一些发起人如邓中夏、高君宇、罗章龙等人也有很多的交往。毛泽东自己回忆说：我第二次到北京，读了许多关于俄国近况的书，我热切地搜寻当时所能找到的中文共产主义文献……有三本书特别深刻地铭刻在我的心中，建立起我对马克思主义的信仰。我接受马克思主义，认为它是对历史的正确解释后，就一直没有动摇过。这三本书是陈望道译的《共产党宣言》，这是用中文出版的第一本马克思主义的书；考茨基的《阶级斗争》，以及柯卡普著的《社会主义史》。从一个革命民主主义者转变成为一个马克思主义者，这是毛泽东的思想发展中的一次极具重大意义的飞跃。

1920 年秋，毛泽东在编辑《新民学会会员通信集》时，在其后面加了一段话，指出“驱张”等运动都只是一种权宜之计，并不能从根本上改造社会，中国要有一个能够实现社会改造的坚固组织，就像蔡和森所主张的共产党。这是毛泽东第一次提到要创建共产党。

1921 年元旦，长沙的新民学会会员聚会，研讨“改造中国与世界”的道路与方法。在众说纷纭、莫衷一是的争论中，毛泽东以他极为丰富的求学经历、不断转折与升华的人生阅历，尤其是他已经树立起来的马克思主义信仰，慷慨陈词而又不乏理性地指出：彻底改造中国的，只有激烈方法的共产主义，即所谓劳农主义，用阶级专政的方法，是可以预计效果的，故最宜采取。会议对各种主张进行表决时，毛泽东等人的主张得票最高。这次会议，标志着毛泽东已完全转变为马克思主义者。

1921年7月，毛泽东作为正式代表参加了中国共产党第一次全国代表大会。灾难深重的中国因为有了这样一个伟大的马克思主义者，而极大地影响和加速了中国历史的发展进程。这就像邓小平所说的：如果没有毛泽东同志，我们中国人民至少还要在黑暗中摸索更长的时间（2010年10月18日，人民网-中国共产党新闻网，姜义军）。

附录

毛泽东：立起湖湘文化的丰碑

——访湘潭大学毛泽东思想研究中心主任、教育部“长江学者”特聘教授李佑新

奉清清

2018年12月22日 11:48　　来源：湖南日报

专家简介

李佑新，哲学博士。现任教育部人文社科重点基地湘潭大学毛泽东思想研究中心主任、教育部“长江学者”特聘教授；兼任国务院学位委员会学科评议组成员、教育部马克思主义理论类专业教学指导委员会委员、全国毛泽东哲学思想研究会副会长等。

湖南日报记者　奉清清

湖湘文明，源远流深；惟楚有材，于斯为盛。千百年来，灿烂的湖湘文化如湘江奔涌，生生不息。千百年来，一代又一代湖湘哲人士子上下求索，立功立德立言，成就了湖湘人物的星汉灿烂。而毛泽东横空出世，以其艰辛的探索和缔造新中国的丰功伟绩，将湖湘文化的影响推向了极致，被誉为“伟大时代的灵魂人物”。毛泽东如何传承和发展湖湘文化？他把湖湘文化带到了哪里？毛主席诞辰125周年前夕，湖南日报记者采访了湘潭大学毛泽东思想研究中心主任、教育部“长江学者”特聘教授李佑新。

毛泽东横空出世，与他学习传承湖南近代以来诸多人才群体的思想密不可分

湖南日报：垒土才能成峰。应该说，毛泽东横空出世，是与他学习传承湖南近代以来诸多人才群体的思想密不可分的。那么，他赖以汲取滋养的这个群体展示了怎样

的湖湘文化特质？

李佑新：在中国古代史上，湖南本土很少有著名人物。但是到了近代，在辚辚相接的各个重要历史阶段上，涌现出一个又一个人才群体，而以毛泽东为代表的湘籍无产阶级革命家群体，则是湖南人才群体发展史上一座难以逾越的高峰。正是以毛泽东为代表的老一辈无产阶级革命家，主导了中华民族有史以来最为广泛而深刻的伟大社会变革，也奠定了实现中华民族伟大复兴梦想的坚实基础。

从近代人才群体的身上，我们可以看到湖湘文化三个显著的特征。一是具有悠久的理学传统，讲求人生立志、心性修养和社会责任感，这对于湖湘学子咬牙立志拔起寒乡，具有不容忽视的重要作用；二是在追求“内圣”的同时极为注重“外王”的经邦济世，具有注重现实实际的务实学风，这使得湖湘学子大都于学于政卓有建树，而区别于空谈性理的“腐儒”；三是在近代社会动荡和民族危机的背景下，上述两个方面指向救亡图存这一根本的价值目标，从而使湖湘学子大都具有强烈的爱国情怀。从王船山的“民族大义”、魏源的“师夷之长技以制夷”、谭嗣同的捐躯壮举，到陈天华的《猛回头》《警世钟》和杨度的《湖南少年歌》，直至毛泽东“中国人从此站立起来了”的历史宏音，无不体现出湖湘士人的爱国激情。湘籍学者杨树达说：“自船山先生以后，湖南人笃信民族主义，固欲保持自己民族，故感觉外患最敏”。可以说，湖湘文化的这些特质是近代以来湖南人才群体兴起的重要原因，也是毛泽东的精神滋养。

以毛泽东为核心的中国共产党第一代领导集体创造的毛泽东思想，带有鲜明的毛泽东气质，也就是湖湘精神

湖南日报：有学者认为，以毛泽东为核心的中国共产党第一代领导集体创造的毛泽东思想，带有鲜明的毛泽东气质，也就是湖湘精神的烙印。可以这样理解吗？

李佑新：我觉得您的理解是符合历史事实的，这至少表现在如下几个方面。一是湖湘文化中有一种深厚的“道”论传统和“原道”精神，体现为湖湘学人对宇宙法则和社会人生根本性问题的强烈关注与追问。杨昌济先生在湖南第一师范讲课时就极为推崇这种“原道”精神，并将这种“道”称之为“大原则”，要求学生认识宇宙人生的“大本大原”之道。青年毛泽东关于全力探求“大本大原”的论述，正是源自湖湘的原道传统；青年毛泽东对大本大原的执着追求发展为对“主义”的追求，并在社会实践的基础上最终接受了马克思主义；毛泽东终生重视对哲学的研究和普及，他写的《实践论》《矛盾论》，无疑标注了他哲学研究的巅峰；二是湖湘文化中有着突出的经世致用的实学传统，体现为湖湘学者大都具有注重现实实践的务实精神。“通今”“致用”和“力行”的实学文化氛围，塑造了青年毛泽东注重现实实践和研究现实国情的文化性格，对他后来的思想产生了深远的影响。以“实事求是”为例。湖湘文化传统中的“实事求是”由于其强烈的务实学风而成为一种注重现实实践的思想和精神，曾国藩和杨昌济就曾批评考据学脱离“实事求是”，而认为实事求是就是从实际的事物中研究其道理。历史上湖南第一师范《教养学生之要旨》中所规定的“国民教育趋重实际，宜使学生明现今之大势，察社会之情状，实事求是”，也明确地体现了湖湘经世致用的务实精神传统。可见毛泽东后来所阐述的中国共产党人“实事求是”的思想路线，无疑与这一湖湘文化传统有着思想渊源关系；三是湖湘文化中有着深厚的理学传统，体现为湖湘学者大都讲求道德修身，追求所谓立德、立功、立言三不朽的人生境界。杨昌济先生在湖南第一师范主讲修身课，推崇这一理学传统，这使得青年毛泽东和他的同学们“作成一种奋斗的向上的人生观”。毛泽东后来所阐释的“为人民服务”与他早年接受的“民胞物与”有着某种精神传统上的关联，而批评与自我批评这一中国共产党人的优良作风，与传统的道德自律自省也有着不容忽视的继承关系；四是青年毛泽东受杨昌济影响，对谭嗣同的“心力”说极为欣赏。同学张昆弟曾记载毛泽东的谈话，说“人之心力与体力合行一事，事未有难成者”，张昆弟对此深表赞同，感叹说：“人心能力说，余久信仰，故余有以谭嗣同《仁学》可炼心力之说”。青年毛泽东还曾写过一篇题为《心之力》的文章，并得到老师激赏，给了一百分。这一被毛泽东后来称为唯心主义的心力说，实际上转化成了毛泽东的主观能动性思想。

毛泽东对湖湘文化发展的最大贡献，在于给现代中国革命的伟大历史进程深深地打上了湖湘文化的烙印

湖南日报：您认为，毛泽东对湖湘文化发展的最大贡献是什么？是为湖湘文化注入了红色基因吗？

李佑新：毛泽东对湖湘文化的贡献，应该说是多方面的。最大的贡献似乎在于，毛泽东将湖湘文化的一些重要内容改造和转化成了中国共产党的重要思想资源，转化成了中国化马克思主义的重要思想内容。如“实事求是”这一命题，被改造成了“一切从实际出发，实事求是”，成为中国共产党的思想路线；“民胞物与”思想被改造为“全心全意为人民服务”，成为中国共产党的宗旨。正是因为毛泽东，这些传统思想和概念重新获得生机而大放异彩；正是因为毛泽东，湖湘文化才参与了现代中国革命的伟大历史进程，甚至给这个历史进程深深地打上了湖湘文化的烙印；正是因为毛泽东，湖湘文化才超越了狭隘的地域局限，而成为影响中国乃至世界的思想传统；也正是因为毛泽东，湖湘文化才获得了重要的当代意义和价值，而越来越被人们所重视和研究。毛泽东是湖湘文化孕育出来的具有世界性影响的伟大人物，同时毛泽东也是湖湘文化发展史上一座新的高峰。

马克思主义的立场、观点和方法就是我们传承和发展湖湘文化的“大本大原”

湖南日报：历史不会凭空而来，同样不会无故消失。是否可以说，毛泽东开创的湖湘文化新境界，为我们传承和发展湖湘文化提供了新的起点和“本原”？

李佑新：我认为，毛泽东之所以能够开创湖湘文化新境界、立起湖湘文化发展史上的一座丰碑，根本原因在于：他是一个伟大的马克思主义者，运用马克思主义的立场、观点和方法批判性地继承和创造性转化了湖湘文化。实事求是这个概念，无论是作为考据学的命题还是作为湖湘文化的思想命题，以其原有的形式和内容，是很难成为当代中国思想史上的重要命题的。但经过毛泽东的改造，成为马克思主义中国化的核心命题，成为毛泽东思想活的灵魂。湖湘文化中的道德修身传统和“民胞物与”精神，本质上也很难成为现代性社会的重要思想。但毛泽东将其改造成了“全心全意为人民服务”，却成了中国共产党人的初心和永远不变的宗旨。再比如说湖湘文化中的“民族主义”传统，无论是在王船山那里，还是在谭嗣同那里，都具有狭隘的民族主义性质。但毛泽东将这种民族主义传统改造成与国际主义相结合的爱国主义，成为中国共产党人团结和带领中华民族自立于世界民族之林的宝贵精神资源。如此等等。可以看出，毛泽东开创了湖湘文化新境界的关键，在于他在指导中国革命的伟大实践中，自觉运用马克思主义的立场、观点和方法，批判继承和创造性转化了湖湘传统文化，从而使传统文化焕发出新的生机与活力。因此，马克思主义的立场、观点和方法就是我们传承和发展湖湘文化的“大本大原”。

湖湘文化的当代发展，决不能离开当代中国社会的伟大实践，不能偏离马克思主义中国化的方向

湖南日报：在中华民族伟大复兴的征程上，湖湘文化如何再出发？

李佑新：首先，要立足于新的时代，这是在习近平新时代中国特色社会主义思想指引下，实现中华民族伟大复兴中国梦的时代。新时代有新的实践，有新的问题。毛泽东之所以能够实现湖湘文化的创造性转化，就是因为回答和解决了那个时代的重大问题，湖湘文化的当代发展也决不能离开当代中国社会的伟大实践。特别是要面向湖南的发展实践，聆听时代的呼声，回应时代的呼唤，着力解决“发展中的困惑”；其次，要把握传统文化的正确发展方向，这就是马克思主义中国化的方向。近代以来与中国社会发展方向密切相关的就是关于中国传统文化发展方向的争论。历史证明，文化保守主义和自由主义的方向是错误的，教条主义的马克思主义也是错误的，而毛泽东所开拓的马克思主义中国化的方向，既是中国革命和建设实践的正确方向，也是中国传统文化发展的正确方向。湖湘文化正是通过毛泽东而融入中国化马克思主义之中，而获得其生命力的，湖湘文化的未来发展也必须参与马克思主义中国时代化大众化，参与构建21世纪的马克思主义，才能真正获得其时代认同与价值认同；第三，要注重创新。传统文化在当代社会要具有活力，必须具有创新的形式和内容。毛泽东之所以成为湖湘文化发展的一座高峰，就在于他对湖湘文化一些重要思想和话语概念的批判性继承和创新性发展。湖湘文化必须以创新的形式和内容才能融入21世纪马克思主义中国化时代化大众化的历史进程之中去。

结束语

湖南精神的提出

什么是湖南人的精神，早在近百年前，陈独秀先生就给出过答案。1920 年，陈独秀在《新青年》上发表《欢迎湖南人的精神》的文章。文中写道：

“湖南人的精神是什么？‘若道中华国果亡，除非湖南人尽死。’无论杨度为人如何，却不能以人废言。湖南人这种奋斗精神，却不是杨度说大话，确实可以拿历史证明的。二百几十年前的王船山先生，是何等艰苦奋斗的学者！几十年前的曾国藩、罗泽南等一班人，是何等‘扎硬寨’‘打死战’的书生！黄克强历尽艰难，带一旅湖南兵，在汉阳抵挡清军大队人马；蔡松坡带着病亲领子弹不足的两千云南兵，和十万袁军打死战。他们是何等坚忍不拔的军人！”文章结尾继续写道：“不能说王船山、曾国藩、罗泽南、黄克强、蔡松坡，已经是完全死去的人，因为他们桥的生命都还存在。我们欢迎湖南人的精神，是欢迎他们的奋斗精神，欢迎他们奋斗造桥的精神，欢迎他们造的桥，比王船山、曾国藩、罗泽南、黄克强、蔡松坡所造的还要雄大精美得多。”

近现代以来，湖南人英才辈出，王船山、魏源、曾国藩、左宗棠、杨度、谭嗣同、宋教仁、黄兴、蔡锷、毛泽东、彭德怀、胡耀邦、朱镕基……一个接一个，一代接一代，大智大勇，前赴后继，于是“湖南人”成为超越地域意义的特殊名号，唱响了湖南人的光荣与梦想。

当毛泽东 1949 年 10 月 1 日在天安门城楼庄严宣告“中国人民从此站起来了”时，身后站着一大批湖湘子弟，就在中共中央五大书记中，即有毛泽东、刘少奇、任弼时三位湖南人；共和国在 1955 年进行军功授衔，“十大元帅”中湖南人占三；“十大将”中湖南人占六；在 57 名上将中，湖南人有 19 位，堪称“湖南人的天下”。这极其独特，但绝非偶然。当日本军队最后投降时，中国军队正是从湖南芷江出发去南京受降的，这也非偶然，日军在湖南遭遇的抵抗和打击最为沉重。应该说，这两者都一定程度上呼应了杨度先生近半个世纪前作《湖南少年歌》所唱：“若道中华国果亡，除非湖南人尽死”。

伟大的时代需要伟大的精神。党的十七届六中全会提出，要大力推进社会主义核心价值体系建设，深入探讨和提炼全社会普遍认同的核心价值观。湖南省委十届二次全会要求，把征集提炼和培育弘扬湖南精神作为加强社会主义核心价值体系建设的一项重要任务。为了贯彻落实中央要求和省委十届二次全会精神，增强湖南省的文化自觉与自信，进一步凝聚全省人民共同创造美好生活的精气神，省委决定，2012 年 2 至 4 月，在全省广泛开展“湖南精神”征集提炼活动。

湖南精神，是优秀湖湘文化的传承发展，是社会主义核心价值体系在湖南的具体体现，是湖南人共有的气质和追求。这次征集提炼活动，就是要充分发挥全省人民的聪明才智，按照传承优良传统、体现时代精神的原则，在广泛征集的基础上提炼出鲜明、精辟、简洁、通俗的“湖南精神”。

湖南精神的表述

在华夏五千年文明进程中，三湘儿女不断开拓，不仅创造了辉煌灿烂的湖湘文化，而且孕育了独树一帜的湖南精神。这种精神，是湖湘文化的当代转型与表达，反映了中华民族的优良传统，激励着无数湖湘子弟奋勇前行，谱写出文明进步的华彩篇章。2012 年 12 月 11 日，万众瞩目的“湖南精神”表述语正式向社会发布，为“忠诚、担当、求是、图强”。这八个字表述的“湖南精神”既传承了湖湘文化厚重的底蕴与底气，又彰显了湘人砥砺奋进的自觉与自信。

湖南精神的解读

湖湘大地，文脉不绝；洞庭波涌，精神永存。“湖南精神”不是从无到有的赋予，而是千年积淀的迸发。湖湘文化以其“大江东去无非湘水余波”的恢宏气势，在悠远的历史积淀中孕育出激昂的“上下求索”精神、赤诚的“心忧天下”情怀、深厚的“经世致用”学风和“为有牺牲多壮志，敢教日月换新天”的责任担当等。这些文化精髓，都是“湖南精神”奔流不息的浓浓的血脉。

忠诚

“忠诚”固本铸魂。忠诚是理想，是信仰，是生命之火；忠诚是道德，是品质，是无形的力量；忠诚是职责，是使命，是肩上沉甸甸的责任；“忠诚”既包括对祖国和党的忠心，又包括对事业的真诚，对家人和朋友的忠贞，“忠诚”是干事创业的基础，是湖南永续发展的基石。

湖南自古多忠君爱国之士。司马迁认为：屈原精神包括“忠君、兴国、哀怨”。“长太息以掩涕兮，哀民生之多艰”是屈原爱民、重民、关注民生的真实反映。宋代范仲淹写的《岳阳楼记》，对湖南人的影响更大。文中提出，有抱负、有理想的“仁人”不应以自己的得失为重，不应以个人际遇和环境的变化而悲、而乐，而应“不以物喜，不以己悲”，以君子的崇高风范超越个人的狭小精神世界，不论升降进退都不忘天下黎民与社稷。“先天下之忧而忧，后天下之乐而乐”成为中国古代知识分子的行为准则和座右铭。

“忠诚”进一步形成湖南精神的共识，让湖湘儿女拥有更加坚定的价值追求，更加筑牢强省之魂。只有每位湖湘儿女都忠诚于党的事业、服务人民群众，“四个湖南”的目标才能早日实现，我们共同的“中国梦”才会梦想成真。

担当

“担当”是一种追求卓越的行为实践。湖湘文化和精神中的敢于担当是同善于担当、乐于担当并使担当朝着人类的至善方向迈进的，凸显了“见义勇为”和“勇敢于义”的伦理品质。担当不是不知是非善恶的“果敢而狠”“不辟死伤”，它是一种

"惟义所在"的坚守和力行，是一种追求卓越、趋向崇高的精神期许和行为砥砺。无论是在探寻和追求真理，抑或是维护公平正义的过程中，湖湘之"担当"都表现出了一种"不以物喜，不以己悲，居庙堂之高则忧其民，处江湖之远则忧其君"的先忧后乐情怀，一种以"天下之通义"为重的先义后利和重义轻利精神，一种"忧国忧民不忧私"的伦理行为。正是惟义所在的意志品质使得以毛泽东为代表的中国共产党人能够在长征途中产生"五岭逶迤腾细浪，乌蒙磅礴走泥丸"那样的乐观主义，在革命胜利前夕又有一份反骄破满、艰苦奋斗的理性清醒。"担当"之为湖南精神，不但在历史上有着源远流长的表现，而且也是当今湖南人建设两型社会，实现后发赶超和中部崛起的精神佐证和价值需求。

今天的湖南，在社会主义现代化建设事业中不仅需要弘扬敢于担当精神，而且也正在践履敢于担当精神中谱写新的篇章，打造东方莱茵河，借助担当之行为实践再现"漫江碧透，百舸争流"之盛世美景。"四个湖南"建设在担当意识和精神中谱出靓丽画卷，三湘四水靠着担当之精神和行为实践正在抒写富民强省的新篇章。担当是一种"舍我其谁"的使命意识，担当是一种"等不起"的只争朝夕观念，担当更是一份"行胜于言""实干兴湘"的行为实践。担当拒绝空谈，拒绝推诿，拒绝媚俗庸俗和自私自利。有担当精神的湖南人一定会在新时期创造无愧这一精神的伟大事业！

求是

"求是"引领风尚。透过现象看本质，深入内部找规律。这就是"实事求是"的本义。史书上最早出现"实事求是"是班固所撰《汉书》之《河间献王刘德传》，说河间献王刘德"修学好古，实事求是"。实事求是、经世致用一直是以岳麓书院为代表的湖湘文化的主要学风。1917 年，湖南工专并入岳麓书院办学，校长宾步程撰"实事求是"匾，悬挂于讲堂之上，对青年毛泽东产生了重大影响。"实事求是"是毛泽东为中国共产党确立的思想路线的灵魂，也是湖南人的精神内核之一。毛泽东说："'实事'就是客观存在着的一切事物，'是'就是客观事物的内部联系，即规律性，'求'就是我们去研究"。中国共产党人一直都在通过实践探索中国革命的规律、中国历史的规律、社会主义建设的规律。

历史潮流滚滚向前，荡涤的是尘埃，积淀的是精华。"求是"即是对湖湘精神的准确把脉，更是未来践行的明确指引。经济社会的发展必须实事求是，困难问题的化解必须实事求是，只有在思想、行动和结果上做到三者的相辅相成、辩证统一、有机结合，才能切合实际地找准目标，明确方向，制定措施，才能更好地指导我们的工作和实践，避免工作不走弯路或少走弯路。七千万湖湘儿女定能以更加饱满的工作热情和崭新的精神风貌，继续推动湖南各项事业的持续、稳定、健康发展。“求是”精神，源自于湖湘历史文化，扎根于湖湘大地，蕴藏在7000多万湘人身上，是今日湖南的宝贵财富。大力弘扬“求是”精神，对于增强湘人精神力量，推动湖南发展，具有重大意义。

图强

“图强”鼓舞斗志。“天行健，君子以自强不息；地势坤，君子以厚德载物。”这是湖南人的精神写照。近代以来，中西文化面临急剧的冲突，中国文化节节败退，中国面临“三千年未有之大变局”。湖湘精英以天下为己任，前赴后继，起到了中流砥柱的作用。湘潭人杨度在《湖南少年歌》中写道：“中国如今是希腊，湖南当作斯巴达。中国将为德意志，湖南当作普鲁士……凭兹百战英雄气，先救湖南后中国……若道中华国果亡，除非湖南人尽死。”

近代中国的自强运动，大致经历了四个阶段。第一个阶段叫作洋务运动；第二个阶段叫作维新变法；第三个阶段叫作资产阶级革命；第四个阶段叫作新民主主义革命。这四个阶段湖南人每一次都站在最前列。

厚重的历史文化，特殊的社会环境，形成了湖湘文化自强不息的奋斗精神。这种精神不仅在挽救民族危难，建立全新国家的过程中起到了关键作用，而且在现代化建设、实现中华民族伟大复兴的进程中，仍然起到积极的作用，是新时代我们应该继承和弘扬的宝贵精神财富。

忠诚，铸就湖湘之魂，是“湖南精神”的核心；担当，彰显湖湘之责，是“湖南精神”的特质；求是，体现湖湘之风，是“湖南精神”的精髓；图强，昭示湖湘之路，是“湖南精神”的追求。四位一体的表述，言简意赅，博大精深，以向善和向上的力量，展示湖南人精气神的特殊风骨和丰富内涵。

湖南正处于全面建成小康社会的关键时期，社会思想更加多样、社会价值更加多元、社会思潮更加多变。但即便在物质潮流的裹挟之下，崇高的精神也从未沉沦，“忠诚”“担当”“求是”“图强”等标志着人类精神高度的词汇总是熠熠生辉。

精神的本质和生命力在于实践。在实现中华民族伟大复兴的历史进程中，湖南人应当弘扬契合社会主义核心价值观的湖南精神，“撸起袖子加油干”，以实际行动再续湖南的辉煌。